太平洋戦争秘史

戦士たちの遺言

神立尚紀
Naoki Koudachi

写真提供／神立尚紀

はじめに

本書は、二〇一七年以降、講談社のWｅｂマガジン「現代ビジネス」に私が寄稿した太平洋戦争関連の記事のなかから、反響の大きかった記事を中心に、時系列順に再構成したものである。

私は、過去二十六年にわたって、零戦搭乗員をはじめ、海軍の元軍人や遺族など五百人を超える戦争体験者にインタビューを重ね、本や記事を書いてきた。しかし、人の命には限りがある。それは、無情に落ち続ける砂時計の砂との競争でもあった。

零戦搭乗員を例にとると、一九四五年の終戦時に三千九百六名が生存していたのが、五十年後、私が取材を始めた一九九五年には約千百名、さらに二〇〇二年には八百名となり、二〇二〇年には数十名を数えるのみ。終戦時、二十歳だった人が現在九十六歳、海軍で飛行機の操縦経験のある人の最年少が九十三歳なのだからやむを得ないことだが、もはや、生存者から筋道の通った体験談を聞くことは不可能となった、と断言しても間違いではなさそうである。

毎年、夏になると、「戦争を語り継ぐ」特集や特別番組が各メディアで集中的に取り上げられるものの、そんな状況のせいか、年々、内容が心もとなくなってゆくように感じられる。

いまや数少なくなった戦争体験者を取材するにしても、個人に戦局の全てが見えているわけではなく、本人が直面した出来事以外は、あと付けの知識であったりする。軍隊は厳然たる階級社会で、兵には兵の、下士官には下士官の、士官には士官の役割があり、立場が違えば見えていたことも当然違う。それなのにメディアは、「旧軍人」や「戦争体験者」を一括りにして、「下士官兵に戦略を語らせる愚」をしばしば犯している。これは、新聞社にせよ、テレビ局にせよ、社内で異動があり、一つのテーマを何十年も続けて取材できる人がいないせいでもあろう。大きな組織ほど、取材者が蓄積した知識や経験が継承されにくい仕組みなのだ。

そんななか、いわゆる「戦史研究家」ではない私が四半世紀以上、戦争体験者の取材を続けることができたのは、人の縁に恵まれたから、と言うほかない。はじめは古書店や図書館に通い、人を探し、そこから徐々に取材対象が広がっていったのが、インターネット時代になって、読者や、これまで見つからなかったご遺族と直接触れ合う機会も増えた。講談社で私の著書を何冊か手がけてくださった編集の今井秀美氏が「現代ビジネス」に異動したことをきっかけに、紙の本とは別世界とも言えるWeb媒体に記事を寄稿し、これまでの取材のなかから、残しておきたいことや、新たに判明したことなどを、従来の「紙の本」の読者とは違う層に届けることもできるようになった。

今回、Web媒体に発表した記事を「紙の本」に再構築するのは、従来とは逆の試みであり、挑戦でもある。収載する記事は、ネットの横書きを縦書きにし、それに合わせて半角数字を漢数字に直す程度で、内容は基本的にそのままとした。

「現代ビジネス」に私が寄稿した記事の対象は、大正から現代まで幅広い時代にわたるが、本書では昭和十六（一九四一）年十二月八日に始まる太平洋戦争（大東亜戦争）の期間に限定した。ただし、終戦後、発動された「皇統護持作戦」については太平洋戦争の一部と捉え、本書に加えた。全ての章が、これまで蓄積してきた当事者への直接インタビューを基礎としている。執筆にあたっては、さらに当時の公文書などの一次資料や、別の角度の証言から裏付けをとることに意を用いた。結果的に、これまで太平洋戦争の「定説」とされてきたことを否定する部分も少なからずあるが、それらはいずれも、敢えて新説を唱えようとしたものではなく、取材を重ねた結果、根拠を持って書いたことである。

詳しくは本文をお読みいただくとして、各章について簡潔に紹介すると、第一章は、真珠湾作戦に参加した搭乗員や空母の乗組員たちへのインタビューを重ねるなかで、特に心に残る、あるいは引っかかった言葉を拾い集めてまとめたものである。真珠湾攻撃六十周年の二〇〇一年には、作戦に参加した搭乗員らとハワイ・真珠湾を訪問、飯田房太大尉墜落地点で行われた慰霊祭にも参加した。

第二章は、ミッドウェー海戦について巷間伝わる通説と、実際に参加した搭乗員の証言の間に大きな差があることから、「通説」を創った指揮官たちの責任逃れについて、現場の証言を積み重ねることで検証したもの。「魔の五分間」、すなわちあと五分あれば勝てたという「通説」のウソを指摘するとともに、敗戦のスケープゴートにされた索敵機搭乗員の名誉回復につながれば、と思っている。

第三章は、一九四三年六月十六日、ソロモン諸島の戦いの分岐点になったルンガ沖航空戦について述べたものである。この日を境に、ラバウルの零戦隊がガダルカナル島上空に進攻することはできなくなり、あとは防戦一方になった。南太平洋の戦局の均衡が音を立てて崩れ、敗戦に向かう重要な局面と言えるこの戦いを、多くの当事者の談話や手記からまとめた。

第四章は、大戦中、ドイツに派遣された五隻の潜水艦のうち、ただ一隻、無事に往復を果たした伊号第八潜水艦のエピソードを、同艦通信長・桑島齊三氏の談話とドイツから持ち帰った貴重な写真、内野艦長の手記などをもとに綴った。太平洋で激戦が繰り広げられていた一九四三年夏、パリを見物する日本海軍将兵の姿はまるで映画のひとコマのようである。そして彼らを待ち受けた運命とは——。

第五章では、日本海軍が大敗を喫したマリアナ沖海戦で、圧倒的に不利な戦いのなかでベストを尽くし、生き残った搭乗員の証言と、夫を亡くした女性の話を軸に、この海戦の慣用句のように使われる「マリアナの七面鳥撃ち」という、日本人にとって屈辱的なスラングに異を唱えた。

第六章は、オーストラリアのカウラ捕虜収容所で、厚遇を受けていたにもかかわらず蜂起、暴動を起こして大勢が犠牲になった日本人捕虜たちの物語。投票という一見公正な手段をとっても、「声の大きい方へ流される」さまには、こんにちにも通じる危うさが伝わってくるのではないだろうか。

第七章は、世間体から一家の「戦死要員」として予科練に入り、海軍では前代未聞のストライキを起こしたりしながらも、プロの飛行機乗りとして終戦まで戦い抜いた一人の男の生涯を、花婿である本人が、レイテ島をめぐる最前線にいて不在のまま執り行われた結婚式の写真を軸に描いた。

第八章は、戦艦「大和」が撃沈された後、「戦闘詳報」を書いた本人である副砲長が語り残したさまざまなエピソードを記した。「大和」が敵機の攻撃を受ける直前まで零戦隊が上空哨戒をしていたという、あまり知られていない事実についても、当の零戦隊指揮官に取材している。

第九章は、「終戦の日」とされる昭和二十年八月十五日にも大規模な空戦があり、その後も十八日まで本土上空で邀撃戦が行われた事実を、参加搭乗員たちの証言をもとにまとめた。陸海軍に停戦命令が出たのが八月十六日、二十二日零時までは自衛のための戦闘が認められていたということは、もっと語られてもよいと思う。
第十章は、連合軍による天皇の処遇が不透明だった終戦直後に発令された、皇族を九州に匿い、国体を護持する「皇統護持秘密作戦」について述べた。この任務が、司令より正式に命令を解除される昭和五十六年まで生きていたことは、「軍人」の何たるかを知る一助になるのではないだろうか。
第十一章は、おそらく現在の取材者のなかではもっとも多くの元特攻隊員や関係者を取材した経験と、そこから導き出された考察をもとに「特攻」について書いた。現在まかり通っている「通説」や、広く使われている用語の誤りについても、僭越ながら考証的な見地より正している。

太平洋戦争開戦から今年（二〇二一）で八十年。本書に登場する当事者たちのほとんどが、この二十年の間に鬼籍に入ってしまった。だが、人間の本質は、一世紀足らずの時間では変わっていないだろう。大正に生まれ、昭和に戦った彼らが、世紀を越えた「遺言」として語り遺した言葉の数々は、令和となったいまを生きる私たちにとっても、未来への教訓となり、指針となり得る。まずは彼らの言葉に耳を傾けていただきたい。戦争が人類最大の愚行であることは論を待たないが、その上で、当時を「知る」ことこそが、ふたたび「過ちを繰り返さない」ための第一歩になるのだから。

神立尚紀

目次

太平洋戦争秘史

戦士たちの遺言

大正生まれの若者が令和に生きる若者に遺した言葉

第一章　真珠湾攻撃に参加した隊員たちがこっそり明かした「本音」

作戦参加搭乗員七百六十五名の八割が終戦までに戦死

「真珠湾攻撃の計画を聞かされたときは、私なんか作戦の中枢にいるわけではありませんから、ああ、いよいよやるのか、ずいぶん訓練やったからな、とそれだけでした」

と、本島自柳《もとじまじりゅう》さんは静かに語り始めた。真珠湾攻撃六十年を目前に控えた二〇〇一年初夏のことである。

本島さんは戦後、医師となり、改名して群馬県太田市で総合病院を営んだが、旧姓名「大淵珪三《おおぶちけいぞう》」、空母「赤城」乗組の中尉として、九九式艦上爆撃機（九九艦爆、二人乗りの急降下爆撃機）に搭乗、二十四歳のとき真珠湾攻撃に参加している。

「しかし、私はね、攻撃の前の晩寝るまで、『引返セ』の命令があると思っていました。日米交渉がうまくいったら引き返すこともあり得ると聞かされていたし、こんな簡単にアメリカ相手の大いくさを始めていいんだろうか、そういう感じは持っていましたからね」

昭和十六（一九四一）年十二月八日。日本海軍機動部隊によるハワイ・真珠湾への奇襲攻撃で大東亜戦争（太平洋戦争）の火ぶたが切られたあの日、日本海軍の六隻の航空母艦、「赤城」「加賀」「蒼龍」「飛龍」「翔鶴」「瑞鶴」から発艦した三百五十機（第一次発進部隊百八十三機、第二次発進部隊百六十七機）の攻撃隊は、アメリカ太平洋艦隊の本拠地、ハワイ・オアフ島の真珠湾を奇襲、わずか二時間たらずの攻撃で米艦隊と航空部隊を壊滅させた。

アメリカ側は、戦艦四隻と標的艦一隻が沈没または転覆したのをはじめ、戦艦四隻、その他十三隻が大きな損害を受け、二百三十一機の飛行機が撃墜破され、資料によって異なるが、死者・行方不明者は二千四百二名、負傷者千三百八十二名をかぞえた。

いっぽう、日本側の損失は飛行機二十九機と特殊潜航艇五隻、戦死者は六十四名（うち飛行機搭乗員五十五名）だった。

しかし、この真珠湾の「大戦果」は、日本の開戦通告が攻撃開始時刻に間に合わなかったことから、「だまし討ち」と喧伝《けんでん》され、かえってアメリカの世論をひとつにまとめる結果となってしまった。「リメンバー・パールハーバー」のスローガンのもと、一丸となったアメリカ軍はその後、驚異的な立ち直りを見せて反撃に転じ、三年九ヵ月におよんだ戦いの結果は、日本の主要都市焼尽、降伏という形で終わる。

真珠湾攻撃に参加した日本側の飛行機搭乗員は七百六十五名（途中、故障で引き返した三機や機動部隊上空哨戒、および予備員の人数は含まず）。真珠湾で戦死した五十五名を含め、約八割にあたる六百十七名がその後の激戦のなかで戦死、あるいは殉職し、生きて終戦の日を迎えたのは百四十八名に過ぎない。

真珠湾攻撃から五十年後の平成三（一九九一）年、生き残り搭乗員がまとめた名簿では、ちょうど半数にあたる七十四名の住所氏名が記されているが、六十年後の平成十三（二〇〇一）年にはそれが三十数名になり、本稿執筆時点（二〇一八年）では数名（筆者が承知しているのは三名）を数えるのみである。

私は戦後五十年の平成七（一九九五）年以来、主に旧海軍の航空関係者数百名へインタビューを重ねるなかで、真珠湾作戦に参加した全ての機種の元飛行機搭乗員十二名と、数名の元空母乗組員から生の声を聞くことができた。冒頭の、本島自柳さんもその一人である。

さらに平成十三（二〇〇一）年（この年、九月十一日にニューヨーク同時多発テロがあった）十二月の真珠湾攻撃六十周年記念式典にも、空母「蒼龍」の元零戦搭乗員・原田要《はらだかなめ》さん（当時・一等飛行兵曹）や、空母「飛龍」雷撃隊（九七式艦上攻撃機）の丸山泰輔《まるやまたいすけ》さん（当時・二等飛行兵曹）、空母「赤城」艦爆隊（九九式艦上爆撃機）の阿部善次さん（当時・大尉）ら、元搭乗員たちと参列している。

驚いたことに、すでに歴史上の存在である「パールハーバー・アタッカー」のハワイでの人気はすさまじく、ホノルルの陸軍博物館の売店では原田さんや丸山さん、阿部さんのブロマイドが一枚六ドルで売られ、行く先々で無邪気にサインを求める人々の長い列ができた。私たちの接した限りのアメリカ人は、日本の元軍人に対してもアメリカの退役軍人と同じように敬意を持って接し、そこにはもはや敵愾心《てきがいしん》は感じられなかった。

だがその後、作戦に参加した関係者も高齢化とともに次々と鬼籍に入り、あの世界史的にも大きな出来事を、当事者の視線から多角的に論証することはもはや不可能となった。そこでここでは、すでに故人となった真珠湾攻撃参加搭乗員へのこれまでの取材のなかから、あまり表に出ることのなかった搭乗員の「本音」の言葉を拾い集めてみたい。

「全面戦争になれば勝てるはずがない」

真珠湾攻撃と言えば、猛訓練で鍛え上げられた搭乗員たちがまなじりを決して飛び立ったようなイメージが強いが、実際には、飛行学生、飛行練習生の教程を卒業して一年未満の新人が四分の一近くを占めていて、本島さんのように、アメリカとの開戦に懐疑的な人も少なくなかった。

空母「翔鶴」零戦隊の一員として、真珠湾攻撃当日は機動部隊上空哨戒にあたった佐々木原正夫《ささきばらまさお》さん（当時・二等飛行兵曹）も、出撃前の十一月二十三日、艦長・城島高次大佐より真珠湾攻撃の作戦計画が伝えられたときのことを、

「飛行甲板で、若い戦闘機分隊士の飯塚雅夫中尉にききました。『開戦をどう思いますか。勝つんですか、負けるんですか』と。『私にもわからない。作戦は理解できたが、勝つか負けるかまでは皆目見当がつかない』というのが、飯塚中尉の答えでした。私は、勝算があって始めるんならいいが、士官にもわからないような戦争をどうして始めるんだろう、と疑問に感じたのを憶えています」

と、回想している。

指揮官クラスのなかにも、第二次発進部隊制空隊指揮官として、零戦三十五機を率い参加した進藤三郎さん（当時・大尉）のように、

「昭和八（一九三三）年、少尉候補生として、遠洋航海でアメリカへ行ったときのことを思い出しま

した。西海岸だけを見ても、国土は広いし、街は立派だし、あらゆるものが進んでいる。ロサンゼルスに上陸したとき、移民として向こうに渡った同級生が、自動車で迎えに来てくれたのにも驚きましたが、現地の日系人が自家用飛行機に乗せてくれたのにはもっと驚いた。日本では、自家用車でさえ限られた一部の人のものだった時代ですからね。

恐るべき国力。こんな国と戦争しても、局地戦ですむならともかく、全面戦争になれば勝てるはずがない、というのが率直な気持ちでした」

と、アメリカを知ればこそ、先行きを危惧していた人もいる。これは、戦前、遠洋航海を通して世界を見る機会のあった海軍士官として、ごく常識的なものの見方でもあった。

真珠湾攻撃の一年以上前に、すでに将来の敗戦を予言するかのような言葉を残した指揮官もいる。空母「蒼龍」戦闘機分隊長として、第二次発進部隊のうち零戦九機を率いた飯田房太《いいだふさた》大尉である。

日本と中華民国との戦争が泥沼化していた昭和十五（一九四〇）年十月、飯田大尉は、中国大陸の漢口基地を拠点に、第十二航空隊の零戦隊を率いて成都を空襲、中国軍機を圧倒し、部隊は感状を授与された。だが、部下だった零戦搭乗員・角田和男《つのだかずお》さんによると、祝勝ムードのなか、飯田大尉は一人浮かぬ顔で、

「こんなことでは困るんだ。奥地空襲で全弾命中、なんて言っているが、重慶、成都に六十キロ爆弾一発を落とすのに、諸経費を計算すると約千円かかる。相手は飛行場の穴を埋めるのに、苦力（クーリー）の労賃は五十銭ですむ。実に二千対一の消耗戦なんだ。こんな馬鹿な戦争を続けていたら、いまに大変なことになる。感状などで喜んでいる場合ではないのだ」

と、周囲にこぼしていたという。

攻撃隊員のなかにさえ、無謀な開戦に疑問を抱き、出撃直前まで、外交交渉での戦争回避に望みをつなぐ者がいたことは記憶されていい。しかし、そんな個々の思いを呑み込んだまま矢は放たれ、日本は世界を相手に戦う道を選んだ。

気味悪く感じるほど、反撃の立ち上がりは早かった

「朝日をバックに、堂々の大編隊を見た感激は忘れられません。男の本懐、これに過ぐるものはないな、と」

そう語るのは、空母「加賀」第一次発進部隊零戦隊指揮官として九機を率いた志賀淑雄《しがよしお》さん（当時・大尉）である。

「静かな日曜の朝でした。東から太陽を背にして入ったんですが、真珠湾には、ライトグレーに塗られた米戦艦が二列にズラッと並んでいました。大艦隊が朝日に映えて、本当に美しかった。これに火をつけていいのかな、とふと思ったぐらいです」

ちょうど、オアフ島北端のカフク岬が、白く映えた断雲の下から絵のように見えてきたとき、総指揮官・淵田美津雄《ふちだみつお》中佐が信号銃一発を発射した。「奇襲成功」の合図である。奇襲の場合は信号弾一発で、雷撃（魚雷攻撃）隊が真っ先に突っ込み、敵に発見されたり反撃をうけたりして強襲になった場合には、信号弾二発を二度繰り返し、艦爆（急降下爆撃）隊が最初に投弾する手はずになっていた。

「ところが、信号弾が目に入らないやつがいたのか、淵田中佐はもう一発、信号銃を撃ちました。二

発が二回で強襲の合図なんですが、状況から考えて、これは（強襲と）まちがえるほうがおかしい。あとで淵田さんに聞いたら、やはりあの二発めはダメ押しだったと。

それなのに艦爆隊が、二発めを見て強襲と勘違いして、そのまま目標に向かっていく。雷撃隊は、と見ると、単縦陣になって、まだ高度を下げつつ西海岸を回っている途中です。艦爆の一番機は、フォード島の飛行場に向かってピューッと急降下すると、二百五十キロ爆弾を落とした。それがまた、格納庫のど真ん中に命中したんです。『馬鹿野郎！』と思わず叫びましたよ。

格納庫からバッと火が出て、煙がモクモクと出てきた。爆煙で雷撃隊が目標を見失うようなことになれば、敵艦隊の撃滅という作戦の意味がなくなりますから、気が気ではありません。『煙の方向は？』と見ると、幸い北風で爆煙は湾口の方へ流れてゆき、敵艦隊は姿を見せたままでした。『ああ、よかった』と思ったら、また一発。すると、何分もしないうちに港一帯、まるで花籠のように見えるほど、激しい対空砲火が撃ち上げられました。あれ、アメリカはわかってて待ち構えていたのかな、と気味悪く感じるほど、反撃の立ち上がりは早かった。

雷撃隊はまだ入らない。やがて、艦爆の攻撃がほとんど終わったと思われた頃、ようやく『赤城』の一番機が発射点につきました。魚雷を発射すると、チャポン、と波紋が起こって、白い雷跡がツーッとのびてゆく。命中したら大きな水柱が上がります」

艦爆隊が先に投弾したために、雷撃隊は対空砲火のなか、強襲ぎみの攻撃を余儀なくされた。

このとき、空母「加賀」雷撃隊の一員（偵察員―三人乗りの真ん中の席。偵察、航法を担当）とし

て九七式艦上攻撃機に搭乗、攻撃に参加した吉野治男《よしのはるお》さん（当時・一等飛行兵曹）は、

「突っ込むときの気分は、訓練のときと同じです。敵戦艦に向けてどんどん高度を下げていき、操縦員の『ヨーイ、テッ』という合図で魚雷を発射するんですが、私の目標にした左端の艦は、もうすでに魚雷を喰らって、いくらか傾いてるようでした。あとで知ったところでは、この戦艦は「オクラホマ」で、十三発もの魚雷が命中し、転覆したそうです」

と振り返る。

八百キロを超える重さのある魚雷を投下した瞬間、飛行機はグン、と浮き上がる。雷撃後の避退方向については機長の判断で決めることになっていたので、吉野さんはすかさず、操縦員に右旋回を命じた。が、

「これが得策ではなかった。戦艦群の真横を飛び抜ける形になりますから、向きを変えたとたん、横殴りの猛烈な集中射撃を受けた。赤い光の筋が、目の前を左から右へ、束になって行く手をさえぎりました。まるで花火のように機銃を撃ちまくられて、自分の魚雷がどうなったのかも確かめる余裕はありません。

敵弾を避けるため、とっさに上下運動を指示しましたが、操縦員が操縦桿を引いた瞬間、操縦桿にガチャンッと敵弾が命中、続いて後席にもバチンと大きな音がして、塵や埃が機内に舞い上がりました。後席に命中した一発は、電信機の太い電纜（コード）を切断し、電信員の向う脛《ずね》をむしっていきました。操縦席の一発は、操縦員が操縦桿を引かなければちょうど手首をもぎ取られていたところで、間一髪でした。

被弾はすべて機体の胴体に計八発、当たりどころが悪ければ終わりです。私は『加賀』雷撃隊の五機めでしたが、後に続く七機のうち五機が撃墜され、一機の電信員は敵弾で鼻をもぎ取られました。攻撃が始まって何分もたたないのに、敵の反撃は早かった。これはもう驚異的でしたね……」

また、空母「飛龍」雷撃隊の丸山泰輔さんは、

「水深の浅い真珠湾で、いかに魚雷を走らせるかに集中していて、対空砲火はあまり目に入らなかった。先に入った『加賀』雷撃隊はずいぶんやられたようですが……。私は魚雷発射後、左旋回で避退したんですが、右の方に優秀な射手がおったのかもしれません」

と語っている。

雷撃隊が、二列に並んだ戦艦の外側を攻撃すると、こんどは水平爆撃隊（雷撃と同じく九七式艦上攻撃機）が、内側の戦艦を狙う。水平爆撃隊は、高度三千メートルから、八百キロの大型爆弾を投下する。「加賀」水平爆撃隊の小隊長だった森永隆義さん（当時・飛行兵曹長）の回想――。

「高度が低いと爆弾が戦艦のアーマー（装甲）を貫けないので高高度からの爆撃になりますが、海上の小さな目標を狙うのは容易じゃありません。特別な訓練を受けた嚮導機《きょうどうき》をリーダーにして、一個中隊の五機なら五機が一斉に爆弾を投下し、そのうちの一発が命中すればいいという考え方でした。

最初に敵艦を見たときは、いやあ、いるいる、という感じですね。しかし敵はすでに合戦準備を完了していたらしく、撃つこと、撃つこと。弾幕で空が真っ黒になるぐらい撃ってきて、翼がブルンブルンと揺れるほどでした。

それで、爆撃針路に入ると、私たちの前の隊の爆撃で、一隻の戦艦の砲塔がバーンと吹っ飛んで、目の前に悪魔の火のような、赤黒い炎とものすごい爆煙が上がるのが見えました。そりゃもうびっくりしましたよ。あんな大きな爆発は見たことがない。あれが『アリゾナ』だったんでしょう。私の中隊は『メリーランド』型戦艦に二発ぐらい命中させましたが、煙で視界が遮《さえぎ》られ、敵艦が沈むところまでは見届けられませんでした」

「加賀」戦闘機隊の志賀さんは、攻撃の成功を見届けて、ヒッカム飛行場の銃撃に入った。

「港とちがって、こちらはあまり対空砲火はなかったですね。格納庫の前に大型爆撃機・ボーイングB－17がズラッと並んでて、それを銃撃したんですが、燃料を抜いてあるのか燃えなかった。

それで、ヒッカムの銃撃を切り上げて、煙のなかに飛び込んで、左に太平洋を見ながら超低空、高度十メートルぐらいでバーバスポイントの米海軍基地に向かいました。きれいな景色でしたね、トウモロコシ畑が広がっていて、赤い自動車が走っていて。

バーバスポイントには小型機が並んでいました。それで、そいつに三撃。こんどは、気持ちよく焼かせていただきました。ここでは一人、空に向けてピストルで応戦している米兵の姿が見えたそうですが、対空砲火はなかったと思います。

結局、敵戦闘機は見なかったですね。しかし、私の三番機・佐野清之進二飛曹は、バーバスポイントまでは私についてきていたのに、その後、姿が見えなくなり、行方不明になりました。佐野機はどうも敵の飛行機と空中衝突したらしい、とあとで聞かされました。

攻撃が終わって、戦果確認をしようと高度五千メートルまで上がってみましたが、上空から見たら、真珠湾は完全に一つの雲のような煙に覆われ、ときどき、そのなかで大爆発が起こっている。地面も海面も、ほとんど見えない状態でした。よし、完全にやっつけたな、これでよし、と思い、バーバスポイントの北、カエナ岬西方十キロ上空、高度二千メートルの集合地点に向かいました」

被弾し、敵飛行場に突っ込んだ指揮官の胸中とは

機動部隊の各空母では、第一次の発艦後、すぐに第二次発進部隊の準備が始められた。第二次発進部隊制空隊（零戦隊）指揮官の進藤三郎さんは語る。

「第一次の発進を見送ったときにはさすがに興奮しましたが、いざ自分が発進する段になると気持ちも落ち着き、平常心に戻りました。出撃前、司令部から、この作戦で空母六隻のうち三隻、飛行機半数を失うとの見積もりを聞かされていて、死を覚悟しましたが、それほど悲壮な気分にもなりません。真珠湾に向け飛行中、クルシー（無線帰投装置）のスイッチを入れたら、ホノルル放送が聞こえてきました。陽気な音楽が流れていたのが突然止まって、早口の英語でワイワイ言い出したから、よくは聞き取れませんが、これは第一次の連中やってるな、と奇襲の成功を確信しました」

オアフ島北端、白波の砕けるカフク岬を望んだところで高度を六千メートルまで上げ、敵戦闘機の出現に備える。オアフ島上空には、対空砲火の弾幕があちこちに散らばっていた。

「それを遠くから見て、敵機だと勘違いして、接敵行動を起こしそうになりました。途中で気づいて、なんだ、煙か、と苦笑いしましたが」

弾幕の煙は、遠目には一つ一つが白や黒の点々に見える。同じく第二次発進部隊「赤城」艦爆隊の

大淵中尉（本島自柳さん）は、それらの白点を認めて、前席の操縦員・田中義春一飛曹に「おい田中、あれは防塞気球《ぼうさい》かな」と声をかけ、「分隊士は呑気《のんき》だな、あれは敵の弾幕ですよ」と言われたことで、はじめて戦闘を実感したと回想している。

第一次に遅れること約一時間、真珠湾上空に差しかかると、湾内はすでに爆煙に覆われていた。心配した敵戦闘機の姿も見えない。艦爆隊は、第一次発進部隊が撃ちもらした敵艦を狙い、本島さんは急降下爆撃で敵巡洋艦に二百五十キロ爆弾を命中させている。零戦隊を率いる進藤さんは、各隊ごとに散開し、それぞれの目標に向かうことを命じた。

「艦攻の水平爆撃が終わるのを待って、私は『赤城』の零戦九機を率いてヒッカム飛行場に銃撃に入りました。敵の対空砲火はものすごかったですね。飛行場は黒煙に覆われていましたが、風上に数機のB－17が確認でき、それを銃撃しました。高度を下げると、きな臭いにおいが鼻をつき、あまりの煙に戦果の確認も困難なほどでした。それで、銃撃を二撃で切り上げて、いったん上昇したんですが」

銃撃を続行しようにも、煙で目標が視認できず、味方同士の空中衝突の危険も懸念された。進藤さんは、あらかじめ最終的な戦果確認を命じられていたので、高度を千メートル以下にまで下げ、単機でふたたび真珠湾上空に戻った。

「立ちのぼる黒煙の間から、上甲板まで海中に没したり、横転して赤腹を見せている敵艦が見えますが、海が浅いので、沈没したかどうかまでは判断できないもののほうが多い。それでも、噴き上がる炎や爆煙、次々に起こる誘爆のすさまじさを見れば、完膚なきまでにやっつけたことはまちがいなさそうだと思いました。これはえらいことになってるなあ、と思いながら、胸がすくような喜びがふつふつと湧いてきましたね。

しかしそれと同時に、ここで枕を蹴飛ばしたのはいいが、目を覚ましたアメリカが、このまま黙って降参するわけがない、という思いも胸中をよぎります。これだけ派手に攻撃を仕掛けたら、もはや引き返すことはできまい。戦争は行くところまで行くだろう、そうなれば日本は……」


第二次発進部隊には、飯田房太大尉が率いる空母「蒼龍」の零戦九機も参加している。そのなかの一機、藤田怡與藏《ふじたいよぞう》さん（当時・中尉。戦後、日本航空に入り、日本人初のジャンボ機機長となる）の回想。


「真珠湾に向け航海中、われわれ搭乗員は暇なので、よくミーティングと称して、分隊長・飯田房太大尉のところに集まっては、いろんな話をしていました。

あるとき、分隊長が、『もし敵地上空で燃料タンクに被弾して、帰る燃料がなくなったら貴様たちはどうする』と問われた。みんなああでもない、こうでもないと話をしていると、分隊長は『俺なら、地上に目標を見つけて自爆する』と。それを聞いてみんなも、そうか、じゃあ俺たちもそうなったら自爆しよう、ということになりました。ごく自然な成り行きで、悲壮な感じはなかったですよ。

われわれ第二次が真珠湾の上空に着いたときには、すでに一次の連中が奇襲をかけたあとですから、敵は完全に反撃の態勢を整えていました。それはもう、ものすごい対空砲火の弾幕でした。

はじめ空中には敵戦闘機の姿が見えなかったので、カネオへ飛行場の銃撃に入りました。目標は地上の飛行機です。飯田大尉機を先頭に、単縦陣で九機が一直線になって突入しました。三度ぐらい銃撃したところで、爆煙で地面が見えなくなったので、ホイラー飛行場に目標を変更して二撃。ここでも対空砲火は激しかった。飛んでくる弾丸の間を縫うように突っ込んでいったんですからね。

ホイラー飛行場の銃撃を終え、飯田大尉の命令により集合してみると、飯田機と二番機の厚見峻一飛曹機が、燃料タンクに被弾したらしく、サーッとガソリンの尾を曳いていました。これはやられたな、と思って飯田機に近づくと、飯田大尉は手先信号で、被弾して帰投する燃料がなくなったから自爆する、と合図して、そのままカネオへ飛行場に突っ込んでいったんです。私からその表情までは見えませんでしたが、迷った様子は全然ありませんでした。ミーティングで自ら言った通りに行動されたわけです。煙のなかへ消えていく飯田機を見ながら、涙が出そうになりました——」

飯田機が墜ちたのは、カネオへ海兵隊基地の、格納庫や滑走路から約一キロ離れた、隊門にほど近い道路脇である。米側の証言記録によると、飛行場に突入してきた飯田機は、対空砲火を受け低空で火を発したが、最後の瞬間までエンジンは全開で、機銃を撃ち続けていたという。飯田大尉の遺体は機体から引き出され、米軍によって基地内に埋葬された。

墜落地点には、真珠湾攻撃三十周年にあたる昭和四十六（一九七一）年、米軍が小さな記念碑を建てた。真珠湾で戦死した日本側将兵六十四名のうち、米側が埋葬場所を明らかにしているのは飯田大尉だけである。

飯田機を見送った藤田さんが、残る八機をまとめ、集合地点に向かう途中、銃撃音に振り返ると、後上方から敵戦闘機九機（米側記録では、カーチスP-36A五機）が攻撃をかけてくるのが見えた。

「すぐに戦闘開始を下令して、空戦に入りました。私は一機に命中弾を与えましたが、最後に一機、正面からこちらに向かってくるのがいる。そこで、ちょうどいいや、こいつにぶつかってやれ、と腹を決めてまっすぐ突っ込んでいくと、敵機は衝突を避けようと急上昇した。そこへ、機銃弾を存分に撃ち込んだんです。

ところが、正面から撃ち合ったもんだから、私の零戦にもかなりの被弾があったようで、エンジンがブルンッといって止まってしまった。目の前の遮風板（前部風防）にも穴が開き、両翼は穴だらけです。これはしようがない、私も自爆しようと思ったら、また動き出した。それでなんとか帰ってみようと、途中ポコン、ポコンと息をつくエンジンをだましだまし、やっとの思いで母艦にたどり着きました。油圧計はゼロを指していて、焼きつく寸前です。着艦すると、その衝撃でエンジンの気筒が一本、ボロンと取れて飛行甲板に落ち、同時にエンジンが完全に止まってしまいました」

戦死した飯田大尉は山口県出身の二十八歳、兵学校時代、「お嬢さん」というニックネームで呼ばれていたという。気性の荒い者が多い戦闘機乗りにはめずらしく、気品を感じさせるほど温和で寡黙な士官であった。

「飯田機は、帰艦できないほどの被弾ではなかったと思う。行きは増槽（落下式燃料タンク）を使い、戦闘のときにそれを落として機内の燃料タンクを使うわけですが、やられたのは片翼のタンクだけで、胴体ともう片翼の燃料は残ってますから。冷静に計算したら燃料はあるわけですよ。もしかしたら還れたかもしれないのに、惜しいことでした。いま思えば、航海中のミーティングのときから、心中に期するものがあったのかもしれません」

と、藤田さんは言う。飯田大尉がかつて、

「こんな馬鹿な戦争を続けていたら、いまに大変なことになる」

と周囲に漏らしていたことは、先に述べた。

それをじかに聞いた角田和男さんは、開戦時、筑波海軍航空隊で操縦教員を務めていたが、真珠湾攻撃から帰還した「蒼龍」の搭乗員から聞いた話として、次のように語っている。

「飯田大尉は攻撃の前日、部下の搭乗員を集め、『この戦は、どのように計算してみても万に一つの勝算もない。私は生きて祖国の滅亡を見るに忍びない。私は明日の栄えある開戦の日に自爆するが、皆はなるべく長く生きて、国の行方を見守ってもらいたい』と訓示をしたと言うんです。

飯田大尉はその言葉の通り、自爆されましたが、このことはその日のうちに艦内の全員に緘口令が敷かれたと。私は、飯田大尉の人となりから、その話を信じています」

これは、驚くべき証言である。飯田大尉は、はじめから自爆する決意でいたのか——。

このことを藤田さんに質してみると、

「いや、私はそんな訓示を受けた覚えはないですな。開戦初日に戦死する覚悟というのは、私もそうだったし、みんなそうだったんじゃないですか」

と、否定的だった。飯田大尉が敵飛行場に向け自爆するとき、その胸中を去来するものが何であったか、出撃前日の訓示もあわせて、いまとなっては確かめようがない。

「詰めが甘い」と感じた第三次攻撃の中止

空襲を終えた攻撃隊は、次々と母艦に帰投し、各指揮官が発着艦指揮所の前に搭乗員を集め、戦果を集計した。

進藤三郎大尉は、「赤城」艦爆隊と合流して帰還した。機動部隊司令長官・南雲忠一《なぐもちゅういち》中将が、わざわざ艦橋から飛行甲板上に下りてきて、「ご苦労だった」と進藤さんの手を握った。そして、攻撃に参加した士官搭乗員のなかではもっとも若い、艦爆隊の大淵珪三中尉（本島自柳さん）を抱きしめ、

「よく帰ってきたなあ」

とねぎらった。進藤さんも本島さんも、南雲中将がこのように感情を露わにするところを見たのは初めてだった。

ほどなく、最後まで真珠湾上空にとどまっていた総指揮官・淵田中佐の九七艦攻が帰艦する。大戦果の報に、艦内は沸き立った。しかし、日本側にとって残念なことに、敵空母は真珠湾に在泊していなかった。

もし、敵空母が近くの海上にいるのなら、こんどはこちらが攻撃されるかもしれない。第一次、第二次の攻撃から帰還した零戦が、燃料、弾薬を補給して各空母から数機ずつ、ふたたび上空哨戒のため発艦する。艦上では、第三次発進部隊の準備が進められている。「蒼龍」の第二航空戦隊司令官・山口多聞《やまぐちたもん》少将からは、「蒼龍」「飛龍」の発艦準備が完了したとの信号が送られてきた。この攻撃隊を出撃させれば、日本を発つまでに一機あたり百五十発（全機出撃一・五回分）しか用意できなかった零戦の二十ミリ機銃弾は、概ね尽きるところであった。

しかし、南雲中将は、第三次発進部隊の発艦をとりやめ、日本への帰投針路をとることを命じた。これは、すでに所期の戦果を挙げたと認められるいま、敵空母の所在位置がわからないまま、その場

にとどまることは不利であるとの状況判断に基づいたものだと言われるが、味方空母、飛行機の半数を失う覚悟で臨んだにしては、消極的ともいえる決断だった。

「当然もう一度出撃するつもりで、戦闘配食のぼた餅を食いながら心の準備をしていましたが、中止になったと聞いて、正直なところホッとしました。詰めが甘いな、とは思いましたが……」

と進藤さんは言う。

そもそも戦争にだまし討ちなどない

こうして真珠湾奇襲攻撃は成功し、米太平洋艦隊を壊滅させた機動部隊は意気揚々と引き揚げたが、隊員たちのまったくあずかり知らないところで、外交上の重大なミスが起きていたことが、やがて明らかになる。

日米交渉の打ち切りを伝える最後通牒《つうちょう》を、攻撃開始の三十分前に米政府に伝える手はずになっていたにもかかわらず、ワシントン日本大使館からの通告が遅れ、攻撃開始に間に合わなかったのだ。アメリカがこの失態を見逃すはずもなく、真珠湾攻撃は「卑怯なだまし討ち」と喧伝され、かえって米国内の世論をひとつにまとめる結果となった。

最後通牒が遅れたことを、攻撃に参加した搭乗員は当時、知る由もなかったが、戦後になって聞かされた「だまし討ち」の汚名は、当事者にとって心外なものだった。

進藤さんは、

「あれは『だまし討ち』ではなく『奇襲』です。最後通牒が間に合わなかったのは事実なんでしょうが、アメリカも一八九八年の米西戦争では宣戦布告なしに戦争をした前歴があります。アメリカは十一月二十六日、ハル・ノート（日本軍の中国および仏領インドシナからの撤兵、中国における蒋介石政権以外の政権を認めないことなどを要求、日本側は事実上の最後通牒と受け取った）を日本に突きつけた時点で開戦を覚悟し、戦争準備をしていたはず。真珠湾の対空砲火を見れば一目瞭然ですよ。

ふつう、炸裂弾《さくれつだん》を弾薬庫から出して信管を取り付け、発射するまでには、ある程度の時間を要する。それが、第一次の雷撃隊からも損害が出るほどの早さで反撃できたんですから、砲側に置いて臨戦準備をしていたとしか考えられない。それなのに『だまし討ち』などというのは、日本側の実力を過小評価していたため、予想以上の被害を出してしまったことに対する責任逃れの言い訳にすぎないと思います。そもそも戦争に『だまし討ち』などないんだ」

と、憤懣《ふんまん》やるかたない、といった口調だったし、志賀淑雄さんも、

「だまし討ちと言うけどね、それまでにもう、戦争が始まらなければいけない状態になっていたんじゃないですか。少なくとも私たちが攻撃したとき、だましどころか完全な防備がしてありましたよ。でないと、あんなに素早く反撃はできません。

アメリカとしたら、『だまし討ち』ということにしないと、軍上層部の顔が立たなかったんだと思いますね。それで世論を盛り上げた。世論の国ですからね。もし最後通牒が完全に間に合っていたとしても、われわれは同じ戦果を挙げてみせたでしょう。ドックなどの港湾施設や燃料タンクを攻撃しなかったことには、いまでも悔いが残りますが」

と、「現場」としての誇りをにじませる。

アメリカと無謀な戦いを始めることに対し、それぞれに感じた疑問や不安を胸に秘め、与えられた立場で最善を尽くした結果が「だまし討ち」呼ばわりというのは、「命じられる側」の当事者として、やり切れないことであったに違いない。


後世の目でその後の戦争の推移を振り返れば、真珠湾攻撃に投入された本島さんや進藤さん、飯田大尉ら、若い隊員たちが抱いた危惧は正しかった。本島さんは、

「戦争が終わったときは、負けた悔しさよりも、なんでこんな戦争を始めたんだと、そういう気持ちが強かったですね。子供だってケンカするときは止めどきを考えてやるでしょう。それが全くなかったわけですから。それで大勢の人を死なせて……」

とも語っている。

もちろん、政府にも陸海軍にも、開戦に反対する者はいた。にもかかわらず、負けるに決まっている戦争を止めることはできなかった。戦後、何度も検証され、繰り返し語られてきた遠い昔の出来事だが、当事者がほとんどいなくなり、戦場を知らない世代が世の中を動かすようになったいまだからこそ、問い直す意味があるように思う。

択捉島単冠湾に集結した機動部隊。「赤城」から望んだ、左から「加賀」「翔鶴」「瑞鶴」「飛龍」「蒼龍」

荒天の北太平洋をハワイに向かう機動部隊。「赤城」から望んだ「加賀」「瑞鶴」

「赤城」艦爆隊・大淵珪三中尉（のち大尉。戦後、本島自柳と改名）

「赤城」戦闘機分隊長・進藤三郎大尉（のち少佐）

「加賀」戦闘機分隊長・志賀淑雄大尉（写真は中尉当時。のち少佐）

「加賀」艦攻隊・吉野治男一飛曹（のち少尉）

龍」戦闘機隊・藤田怡與藏
尉（のち少佐）

真珠湾攻撃で自爆した「蒼龍」戦闘機分隊長・飯田房太大尉
（戦死後中佐。左から２人め）

2001年12月、かつての海軍搭乗員がハワイを訪問し、カネオヘ海兵隊基地の飯田中佐慰霊碑で慰霊祭を執り行った。弔辞を読むのは岩下邦雄・元大尉

真珠湾攻撃第二次発進部隊、空母「赤城」よりまさに発進しようとする進藤三郎大尉乗機の零戦二一型（機番号はＡＩ－102）

昭和16年12月8日、日本海軍機の奇襲攻撃を受け、まさに沈みゆく米戦艦

日本海軍機の奇襲を受けるハワイ・真珠湾

第二章　ミッドウェーで大敗した海軍指揮官がついた「大嘘」

現場の声と参謀たちの発言のズレ

太平洋戦争が始まって約七ヵ月後の昭和十七（一九四二）年六月五日、それまで無敵を誇っていた日本海軍は、ミッドウェー海戦で、南雲忠一中将率いる「赤城」「加賀」「蒼龍」「飛龍」の主力空母四隻を撃沈され、開戦以来はじめての大敗を喫した。圧倒的に優勢な戦力を擁しながら、劣勢のアメリカ艦隊に敗れたこの戦いが、「あの戦争」の一つのターニングポイントになったことに、議論の余地は少ないと思う。

ところが、この海戦に参加し、実際に戦った将兵にインタビューを重ねると、重要な場面で、「現場の声」と、「巷間《こうかん》伝わる『定説』」との間には小さくないズレがあることが感じられた。それを端的に表せば、「定説」は「司令部の責任逃れ」の産物が元になっていて、当事者の見たもの、体験したこととの間には乖離《かいり》がある、ということだ。

これまでに発表された多くの戦記や小説、映画では、ミッドウェー海戦が「定説」を前提に描かれていて、そこに当事者の生の声が反映されることは少ない。しかも、海戦から七十数年もの歳月が経ち、この戦いに参加した将兵も、ほとんどが鬼籍に入ってしまった。誰かが声を挙げなければ、「責任逃れ」が永久に正しい「歴史」として残ってしまうだろう。

「定説」の底本になっているのは、淵田美津雄、奥宮正武共著の『ミッドウェー』（日本出版協同・一九五一年刊）である。淵田氏は元海軍大佐。真珠湾攻撃の際、空母「赤城」飛行隊長として攻撃隊総指揮官をつとめたことで知られる。ミッドウェー海戦のときは虫垂炎の手術直後で攻撃には出られず、「赤城」艦内で敵機の攻撃を受け、負傷。のち、聯合《れんごう》艦隊参謀などの職を歴任する。

奥宮氏は元海軍中佐。生粋《きっすい》の飛行機乗りだが、太平洋戦争開戦時にはすでに参謀をつとめていて、「戦う側」ではなく「命じる側」の立場で終始している。ミッドウェー海戦のときは、この作戦の別働隊であるアリューシャン攻撃部隊の航空参謀だった。


彼我の兵力差からみても負けるはずのなかったミッドウェー海戦の敗因については、これまで、さまざまな角度から多くのことが指摘されている。

機動部隊の乗組員は、真珠湾攻撃以来、西はインド洋、南はオーストラリア北部まで広範囲な作戦にほぼ出ずっぱりで、連戦の疲れを癒《いや》す暇もない。しかも、ミッドウェー海戦の直前には飛行機隊搭乗員の補充、交替が完了したばかりで、その訓練内容は基礎訓練の域を出ず、開戦直前の練度には程遠かった。外見は同じでも、機動部隊の総合力そのものが大きく目減りしていたのである。

それでいて、連戦連勝だったこれまでの戦果への過信が驕《おご》りを生み、緊張感を失わせ、機密保持にも作戦にも緩みを生じさせていた。

日本側は、米空母の動向を探るため、米海軍の拠点であるハワイ・真珠湾を飛行艇で偵察する作戦を計画したが、これは、中継地点になるはずであったフレンチフリゲイト礁に敵水上艦艇や飛行艇がいたため、燃料補給ができずに中止された。

また、ハワイとミッドウェーの中間海域に十一隻の潜水艦を配置したが、ハワイを出撃した米機動部隊は、すでにそこを通過してミッドウェー北東海域に進出したあとだったため、なんの情報も得られなかった。

ところが、米海軍は日本海軍の暗号書をほとんど解読し、全力をもって反撃態勢を整えていた。「エンタープライズ」「ホーネット」「ヨークタウン」、三隻の空母を中心とする米機動部隊が、日本艦隊を虎視眈々と待ち構えていたのだ。

それでも、戦力において勝る日本艦隊は、戦いようによっては勝てたかも知れない。しかし、過信、慢心で緩んだ作戦には、あちこちに綻《ほころ》びの種が潜んでいた。

一つは、六月四日、機動部隊のはるか後方を航行中の、山本五十六聯合艦隊司令長官座乗の旗艦、戦艦「大和」で、敵空母らしい呼出符号の電波を傍受しながら、先任参謀・黒島亀人大佐が、「機動部隊の『赤城』でもこれを傍受しているだろう」と握りつぶし、機動部隊に伝えなかったこと。実際は、機動部隊ではこの敵電波をとっていなかった。

もう一つは、作戦の目的が「ミッドウェー島の攻撃・攻略」か「米艦隊の誘出・撃滅」かということが、出撃した部隊に徹底されていなかったこと。六月五日、ミッドウェー島攻撃に出撃した攻撃隊指揮官・友永丈市大尉は、戦果が不十分と見て「第二次攻撃の要あり」と打電、機動部隊もそれに応じて、米艦隊攻撃のために準備していた第二次攻撃隊の魚雷を爆弾に、通常爆弾は陸用爆弾に、転換する騒ぎとなった。これは、作戦目的が明確にされていれば避けられたはずの事態だった。

敵発見の遅れを、罪なき索敵機に負わせた参謀の〈悪質な欺瞞〉

次に、索敵と情報の分析。

当初の予定では、空母に搭載される九七式艦上攻撃機のうち十機を索敵に回し、二段索敵（索敵機を間隔を置いて二回に分け、同じ索敵コースを重複して飛ばせる）の万全の態勢で臨むはずだったが、機動部隊司令部の状況判断の甘さから、索敵機の機数を大幅に減らしてしまっていた。

空母「赤城」「加賀」と第八戦隊の巡洋艦「利根」「筑摩」、戦艦「榛名」から出した索敵機は七機（うち九七艦攻二機）、一段索敵で七本の索敵線である。これではあまりにも少なかったし、索敵機の発進は対潜哨戒機を出したあとのことで、付近に敵空母は存在しないという先入観にとらわれていたと言われても仕方のない生ぬるさであった。

その上、各索敵線で発進が遅れがちになり、特に重巡「利根」四号機（零式水上偵察機、機長・甘利洋司一飛曹）の発進は三十分も遅れてしまう。

『ミッドウェー』には、

〈利根機の発進三十分の遅延は、はからずもここに本海戦失敗の致命的原因を潜めたのである。〉

とある。

しかしその、遅れて発進した四番索敵線の利根四号機が、予定索敵線から北に百五十浬（約二百七十八キロ）もはずれた方角で、十隻の「敵らしきもの」を発見した。

〈「敵らしきもの一〇隻見ゆ。ミッドウェーよりの方位一〇度二四〇浬、針路一五〇度、速力二十ノット、〇四二八（注：午前四時二八分、日本時間）」
南雲中将をはじめ司令部の人々は愕然《がくぜん》とした。（中略）
「敵らしきもの十隻、とはなんだろう」
と、参謀たちは首をひねった〉（『ミッドウェー』より）
さらに約一時間後、粘り強く触接《しょくせつ》を続けた同機はついに「敵空母らしきもの」一隻の発見を報じてきた。この期におよんでなお、司令部では、
〈それでも、なお「らしき」ときているので、ほんとに空母がいるのかなあと、半信半疑の割り切れない思いを抱いている。〉
と、『ミッドウェー』には記されている。あたかも、甘利機の索敵報告に不備があり、それが司令部の判断を遅らせたと言わんばかりの書き方である。
「冗談じゃない、『らしきもの』という表現は、暗号書に正式に記載されている信号文ですよ。確認しているうちに撃墜されたら元も子もないので、敵らしきものを発見したらまずそう通報するように、偵察員は教育されている。『まず第一報を入れよ、その解釈は司令部が考える』というのが、洋上索敵の大前提なんです」
と、憤りをあらわにしたのは、このとき、空母「加賀」から発進した索敵機、九七艦攻の機長だった吉野治男さん（当時・一飛曹、のち少尉）である。
吉野さんは昭和十三（一九三八）年、海軍に入隊した甲種予科練二期の出身で、「利根」四号機の

甘利一飛曹とは同期生である。「加賀」雷撃（魚雷攻撃）隊の一員として真珠湾攻撃に参加して以来、多くの実戦で場数を踏んできた吉野さんは、その実力を認められ、索敵のエキスパートとしての専門教育を受けていた。

「フロートのついた低速の甘利の水上偵察機が、敵戦闘機や防御砲火を避けつつ、ここまで触接を続けられたのは大変な努力の賜物です。よく映画で、索敵機が高い高度から雲越しに敵艦隊を発見したように描かれていますが、そんなことはありません。高高度からだと天候に左右される上に敵に発見されやすく、逆に敵艦を見つけにくい。

索敵機の飛行高度は三百～六百メートルが通例で、私のこの日の飛行高度は六百メートルでした。低空を飛んで、水平線上に敵艦を発見した瞬間に打電しないと、こちらが見つけたときには敵にも見つけられていますから、あっという間に墜とされてしまう。敵に遭えば、墜とされる前に、どんな電報でもいいから打電せよ、と私たちは教えられていました。

たとえば、『敵大部隊見ゆ』なら、『タ』連送。『タ』『タ』『タ』そして自己符号。それだけ報じれば、もう撃ち墜とされてもお前は『殊勲甲』だと言うんですよ。甘利機が一時間以上も触接を続けられたのは、私らはほんとうにすごいことだと思う。『らしきもの』の報告で判断が遅れたなんて、そりゃあ、命じておいて信号文も知らない司令部がボンクラなんです」

甘利機が予定コースを大幅に外れていたことについては、吉野さんと同じく、予科練同期生の小西磐さん（少尉）が戦後、当時の資料をもとに精密な類推を試みている。これは甘利一飛曹の航法ミスではなく、日米の記録を照合すると、このとき、「利根」航海士が天測で導き出して、搭乗員に伝えた出発位置そのものに誤りがあり、実際の出発点から索敵線を引けば、甘利機のコースとピタリ一致するという。

本来ならば、「敵艦隊発見」の殊勲を讃えられるべき甘利機についての『ミッドウェー』の記述は、〈甘利をスケープゴートに仕立てて、作戦失敗の責任をかぶせるために狙い撃ちにした、悪質な欺瞞〉だと、ベテランの水上偵察機搭乗員だった戸澤力さん（大尉）は、手記「ミッドウェー海戦　惨敗の真相と海戦史歪曲」（甲飛二期会）のなかで断じている。

敵艦隊発見の一報から数十分遅れて、南雲長官は、陸上攻撃向けに転換した第二次攻撃隊の爆弾を、ふたたび魚雷と通常爆弾に転換することを命じた。一刻を要する戦いの最中に、機動部隊のとった行動は、ことごとくとろくさいものであった。陸用爆弾でも、命中しさえすれば敵空母機の発着艦を封じることはできる、あのとき、兵装転換などさせずに即座に攻撃隊を出しておけば……というのは、戦後延々と言われ続けている繰言である。

甘利機の話題に隠れて見落とされているのが、甘利機の北隣り、五番索敵線を飛んだ、「筑摩」一号機（機長・都間《つま》信《まこと》大尉）の失態である。同機は甘利機より先に、敵機動部隊のちょうど上空を通過しながら、雲の上を飛行していて発見できず、しかも敵艦上爆撃機と遭遇しながら報告もせず、索敵機としての任務をいわば放棄していたのである。

前出の吉野さんは、

「雲の上を飛んでいて、索敵機の任務が果たせるはずがない。雲が多くて面倒だからと雲の上をただ飛んで帰ってくるなんて、言語道断です。本人は生きて帰って、戦後は航空自衛隊に入り、そのことをしゃあしゃあと人に語っていたのですから、開いた口がふさがりませんね」

と容赦ない。甘利機に続いて、敵艦隊との触接に成功した「利根」三号機（九五式水偵）、「筑摩」五号機（零式水偵）は、ともに未帰還となっているだけに、都間大尉のとった行動は、悪く言えば、「敵前逃亡」ととられても仕方のないものであった。

もちろん、「利根」四号機にせよ、「筑摩」一号機にせよ、これだけの大海戦での歴史的敗北の責任を一索敵機に負わせるのは酷であろう。だが、ひとり「利根」四号機だけが悪く言われることに対し、現場の搭乗員の側から強い異議が出されていたことは記憶にとどめておきたい。

「運命の五分間」の嘘

『ミッドウェー』には、また、

〈運命の五分間――赤城、加賀、蒼龍被弾〉

と題する一節がある。兵装転換が終わった空母の飛行甲板に準備のできた飛行機が並べられ、いよいよ出撃、というときに敵急降下爆撃機の爆弾を受け、「赤城」「加賀」「蒼龍」の三隻の空母が瞬時に被弾した、というものである。

〈あと五分で攻撃隊全機の発艦は終わる、

ああ運命のこの五分！〉

と劇的な表現で記されているが、結論から言えば、これも真っ赤なウソである。

索敵任務を終えた吉野治男一飛曹の九七艦攻が、味方艦隊を水平線上に認める位置まで帰ってきたところ、はるか前方を、小型機が一機また一機、低空を東の方向に飛んでゆくのが見えた。味方機ではない。吉野さんは胸騒ぎを感じた。

「『加賀』の上空に着いて着艦の発光信号を母艦に送ると、間もなく着艦ＯＫの旗旒《きりゅう》信号があり、着艦しました。七時五分のことです。着艦できたということは、このとき飛行甲板は空だったということです。搭乗員室に入るところの、飛行甲板脇のポケットに仲間の搭乗員が大勢出ていて、口々に、私が着艦する直前に敵雷撃機の攻撃を受けたが、魚雷は全部回避したこと、敵機のほとんどを上空直衛の零戦が撃墜したことなどを話してくれました。

搭乗員室に入って飛行服を脱いでいると、突然、対空戦闘のラッパが鳴り響き、真下にある副砲が、轟音を上げて発射された。敵雷撃機の来襲です。私は、飛行服の下に着ていた白い事業服のまま、あわてて先ほどのポケットに飛び出しました」

対空機銃は懸命に応戦している。すると、機銃指揮官が、指揮棒を上空に向けて、なにかを叫んだ。見上げると、敵急降下爆撃機が雲の間から突っ込んでくるところだった。初弾が、艦橋に近い飛行甲板に命中した。ときに、七時二十三分。「加賀」の第二次攻撃隊の大部分はまだ格納庫にあり、そこで搭載していた魚雷や爆弾による誘爆が起きた。

「加賀」の被弾から二分後、「赤城」「蒼龍」にも相次いで敵爆撃機の爆弾が命中した。

「蒼龍」偵察機分隊長として、新鋭の十三試艦爆（のちの彗星）二機を所管していた大淵珪三大尉（のち少佐）は、

「『利根』索敵機の敵発見の報を受け、午前五時半に十三試艦爆二〇一号機を敵艦隊触接のため発艦

させた。私は、その次に出る予定でした。すでに、敵の艦上機らしいものが、入れ替わり立ち替わり攻撃に来ていました。飛行長・楠本幾人中佐に、おい分隊長、そろそろ出番だぞ、と言われて、航空図に必要事項を書き込んで、飛行服に着替えようとしたところでバーンとやられたんです。

艦首に第一弾、続いて第二弾が飛行甲板中央に命中しました。私は発着艦指揮所にいましたが、爆風で飛ばされて転倒しました。幸い雨衣をつけていて、露出部分がなかったので負傷はありませんでしたが、雨衣の背中は黒焦げになっていました」

初弾の命中が七時二五分。三発の命中弾が艦内の誘爆を呼び、大火災となった。「蒼龍」では、まさに索敵機が発進しようとしていたのだから、攻撃隊はまだ飛行甲板に並んでいない。

戦後、防衛庁防衛研修所戦史部が著した公刊戦史『戦史叢書43ミッドウェー海戦』（朝雲新聞社・一九七一年）も、第一航空艦隊の戦闘詳報をもとに、〈この時点で攻撃隊の発艦準備は終了していない。〉と述べている。

しかし、どれほど例証があっても、『ミッドウェー』で書かれた「運命の五分間」、つまりあと五分あれば、海戦の勝敗は逆転していたかもしれない、という脚色に基づいたストーリーの方がずっとインパクトが強いから、いまだにそれが「定説」のように伝えられているのだ。穿った見方をすれば、これも、惜敗ぶりをアピールすることで、司令部の失態の印象をいくぶんでもやわらげようとする、淵田、奥宮両氏の意向だったのではないだろうか。

たまたま、魚雷回避していて、他の三隻と離れていたために無傷で残った「飛龍」は、ただ一隻で反撃を試みた。「飛龍」は第二航空戦隊の旗艦で、司令官は山口多聞少将である。

「赤城」「加賀」「蒼龍」の被弾から約三十分後の午前七時五七分、「飛龍」では九九式艦上爆撃機十八機を、一部（五機）は陸用爆弾を積んだまま、六機の零戦とともに敵空母攻撃に発進させる。続いて十時三十分、友永大尉率いる九七艦攻十機、零戦六機が、司令官以下の見送りを受けて発進。後世、「友永雷撃隊」と呼ばれるこの攻撃隊は、指揮官機をふくむ半数を撃墜されながらも、米空母「ヨークタウン」に二本の魚雷を命中させた。

だが、「友永雷撃隊」についても、『ミッドウェー』には些《いささ》かの誇張がある。指揮官機が魚雷を発射するのは確認されたが、その後、吸い込まれるように姿を消した、という。

〈米空母に体当りを試みたのではなかろうか、と〉（『ミッドウェー』）

——このとき、攻撃に参加した「飛龍」艦攻隊の丸山泰輔一飛曹（のち少尉）によると、雷撃隊は、友永大尉の第一中隊五機と、橋本敏男大尉の第二中隊五機に分かれ、敵空母を挟み撃ちにする態勢に入った。敵戦闘機や対空砲火の反撃は熾烈を極めたが、結果的に、友永中隊が敵戦闘機を引きつける形になり、魚雷を発射する前に五機全機が撃墜されたものの、橋本中隊が雷撃に成功したという。つまり、友永機が魚雷を発射したというのはフィクションである。

「帰艦すると、艦橋のあたりは騒然としていました。報告もそこそこに、搭乗員室で戦闘配食の握り飯を食べ始めました。ところが、一息つこうとしたその途端に対空戦闘のラッパが鳴って、来たな、と思ったらダダダーンと爆弾が命中しました。あとは他の三隻と同じ運命です」

と、丸山さんは回想する。「飛龍」も沈没し、山口司令官は艦と運命をともにした。

丸山さんとは、二〇〇一年、真珠湾攻撃六十周年の記念式典が行われた際、ハワイへ同行した。真珠湾での式典を終え、日本に帰る飛行機を待つホノルル国際空港のロビーで、偶然、別の一行で来ていた山口多聞司令官の次男・山口宗敏氏と出会った。宗敏氏は、写真で見る父・多聞少将と瓜二つである。人を介して引き合わされたとき、丸山さんの両目から突然、滂沱《ぼうだ》たる涙があふれた。宗敏氏の手をしっかりと握りながら、

「『赤城』『加賀』『蒼龍』の三隻がボーボー燃えているなかでね、司令官はわざわざ飛行甲板に降りてきて、私たち搭乗員の手を一人一人握って、『仇をとってくれ』と……」

二人の周囲だけ、瞬時に六十年前にタイムスリップしたような気がした。私は、傍らでただ立ちつくすしかなかった。

「驕り」「情報」「判断」……ありとあらゆる失敗が詰まっているという点で、ミッドウェー海戦が遺した教訓は数多い。だが、その敗戦のなかでも、毅然と戦い、己の任務を果たそうとした若者たちもいれば、酷な言い方かもしれないが、戦後になってなお、保身に走り、失敗を部下のせいにし、隠蔽《いんぺい》しようとした「上層部」の幹部たちもいた。

——なんだか、最近、世間を賑わすスポーツ報道で見聞きした話と重なるような気がするのは、私の思い過ごしだろうか。この七十数年、人間はたいして進歩していないのかもしれない。

空母「赤城」。真珠湾攻撃からミッドウェー海戦にかけ、司令長官・南雲忠一中将が座乗、機動部隊の旗艦だった

空母「加賀」

空母「飛龍」。ミッドウェー海戦時は第二航空戦隊司令官・山口多聞少将の旗艦だった

空母「蒼龍」

第二航空戦隊司令官・山口多聞少将。「飛龍」と運命をともにした

機動部隊司令長官・南雲忠一中将

「飛龍」艦攻隊・丸山泰輔一飛曹（のち少尉）

「飛龍」飛行隊長・友永丈市大尉。ミッドウェー島攻撃を指揮し、敵機動部隊攻撃で戦死

空母を発艦する零戦（零式艦上戦闘機）二一型

九九式艦上爆撃機

九七式艦上攻撃機

米海軍のダグラスSBDドーントレス急降下爆撃機

ミッドウェー海戦で日本海軍機の猛攻を受ける米空母「ヨークタウン」

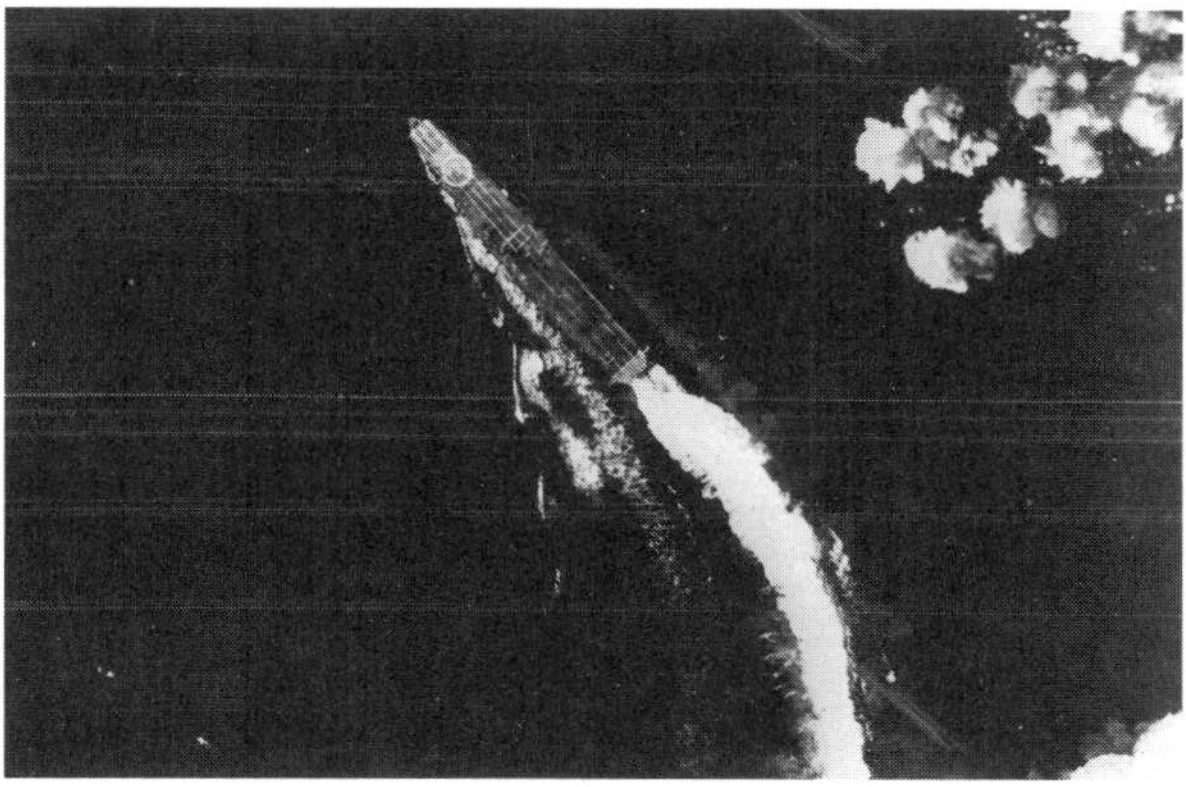

米軍機の攻撃を受け、回避中の空母「飛龍」

最後に残った「飛龍」も被弾、味方魚雷で処分されたのちもしばらく浮かび続けた。状況確認に飛来した空母「鳳翔」の九六式艦上攻撃機より撮影

第三章

「皆、泣きながら戦っていた」戦死率が特攻を上回るソロモンの航空戦

戦局の転換点となったルンガ沖航空戦

太平洋戦争中期、昭和十八(一九四三)年二月、日本軍は約半年にわたって激しい攻防を続けていたソロモン諸島のガダルカナル島から撤退。連合軍はここを足がかりに、日本軍の一大拠点であるニューブリテン島ラバウルを窺い、さらなる攻勢を強めようとしていた。

日本側はそれを阻止すべく、ラバウルや最前線のブーゲンビル島ブイン基地を拠点に、零戦や一式陸上攻撃機(陸攻)、九九式艦上爆撃機(艦爆)などをもってガダルカナル島への空襲を繰り返す。だが、同年四月十八日、前線視察中の聯合艦隊司令長官・山本五十六大将がブーゲンビル島上空で乗機が米戦闘機に撃墜され戦死するなど、苦戦を強いられていた。

六月十六日、航空部隊はガダルカナル島の米航空兵力を撃滅しようと起死回生の総攻撃を敢行するが、米軍戦闘機の強力な抵抗に遭い、作戦は失敗に終わる。この戦闘を境に、制空権を失った零戦隊がガダルカナル島上空へ進攻することは不可能となり、逆に、連合軍は反攻を強め、ソロモン諸島の島々を次々と攻め落としていった。南太平洋で攻守のバランスが崩壊し、戦局の大きな転換点となった、「ルンガ沖航空戦」と呼ばれる昭和十八年六月十六日の戦いを、当事者たちへの直接取材をもと

に再現する。

山本五十六聯合艦隊司令長官が戦死した昭和十八年四月以降、ガダルカナル島の連合軍航空兵力は目に見えて増強され、昼夜を問わず、多数の飛行機をもって各日本軍拠点に空襲を繰り返すようになった。その数は、米側資料によれば、五月中にのべ二千百五十七機におよぶ。

そこで、日本海軍は、頽勢《たいせい》を挽回するため、大規模な反攻作戦（六〇三作戦）を企図した。この作戦の概要は、戦闘機（零戦）だけでガダルカナル島西方のルッセル島方面に進撃し、敵戦闘機を誘出撃滅する「ソ」作戦、および敵戦闘機に打撃を与えた上で、時機を見て実施する戦爆（戦闘機と爆撃機）連合によるガダルカナル島艦船攻撃の（「セ」作戦）からなるものであった。

事前作戦である「ソ」作戦が実施されたのは六月七日。この日、第五八二海軍航空隊（五八二《ごおやあふた》空）二十一機、第二五一《ふたごおいち》海軍航空隊（二五一空）三十六機、第二〇四《ふたまるよん》海軍航空隊（二〇四空）二十四機、あわせて八十一機の零戦が出撃。ガダルカナル島手前のルッセル島上空で百十機の米軍戦闘機と遭遇、烈しい空戦の末、四十一機（うち不確実七機）を撃墜したと報告したが、九機を失い、一人は右手を失う重傷を負った。連合軍側の記録では、零戦二十四機を撃墜、七機を失ったと述べている。

空戦の戦果は、急降下で退避した敵機を撃墜したと思い込んだり、数機で一機を撃墜したのが重複したりして、搭乗員に作為がなくても、互いに過大になりがちである。特に迎え撃つ米軍機は、被弾してもガダルカナル島の飛行場にたどり着くことが多く、報告された戦果は実際の数倍に膨らむ傾向があった。

この日の実際の喪失機数は、双方の記録の損害を見比べれば、日本側九機、連合軍側七機。つまり、敵味方とも、自軍が「勝った」と判断していたものの、実数で比較すると日本側が僅差で負けている。だがこれは戦後になってわかったことで、当時は「勝った」前提のもとで次の作戦を組み立てるしかなかった。これは、出撃のたびに苦戦に苦戦を重ねた一因と考えられる。

自ら犠牲になることを進言した戦闘機隊長

六月八日、ラバウルの司令部で、参加部隊の指揮官を集めて、「ソ」作戦と、続く「セ」作戦に関する研究会が行われた。

ソロモンの戦闘で特徴的だったのは、敵戦闘機の邀撃《ようげき》方法である。かつては日本の艦爆隊が急降下爆撃に入る前に襲ってくることが多かったが、このところ、爆弾を投下して機体を引き起こし、避退に入るところを待ち伏せしていて、上空から撃ってくるケースが増えていた。急降下直後で、過速のため操縦が思うに任せない上に、戦果に気をとられて見張りがおろそかになりがちな艦爆は、敵戦闘機にとって格好の餌食であった。

いざ出撃すると、九九艦爆の消耗は、艦爆搭乗員自ら「九九棺桶」と呼ぶほど激しいものだった。しかしながら、艦爆隊としても、零戦隊に、攻撃までの掩護《えんご》については要求できても、爆撃終了後の面倒まで見ろとは言いづらい。

ここで、零戦隊による艦爆掩護法について、従来にない提案が出された。口を開いたのは、二〇四空飛行隊長・宮野善治郎大尉。昭和十六（一九四一）年十二月八日、開戦初日にフィリピン・クラーク・フィールドの米軍航空基地空襲に参加して以来、東南アジア、北部オーストラリア、北太平洋アリューシャン列島と、休むことなく転戦し、昭和十七（一九四二）年十月、ラバウル基地に進出以降も、つねに先頭に立って戦い続けていた歴戦の指揮官である。当時二十七歳。

宮野大尉は言った。

「敵戦闘機の邀撃を排除して、無事、攻撃目標の上空に達することができたならば、掩護戦闘機隊は三隊に分かれ、その一隊（直掩隊）は、艦爆の上にかぶさりながら、直接の掩護のためにともに急降下していき、他の一隊（制空隊）は上空にある敵戦闘機と戦闘を交え、状況によっては優位より下方の戦闘に参加するという任務を持って上空に残る。ここまでは在来の方法であるが、いま一隊（収容隊）は、艦爆隊の到達直前に先行し、目標付近に群がる敵戦闘機中に突入してかき廻し、その間に味方艦爆の爆撃を容易たらしめ、避退の間隙を与える」

艦爆隊指揮官だった江間保大尉は、

〈艦爆の指揮官として、私はこの至れり尽くせりの宮野大尉の所見は、それを聞くだけでも心強く感じた〉

と、手記に書き残している。

艦爆隊が帰還することはおろか、任務を果たすことすら難しい戦局の中で、宮野大尉の提案は、艦爆の攻撃成果を最大限に発揮させ、しかもそれを無事に帰投させようとするものだった。戦闘機同士の空戦では、高度を高く保った方が、位置エネルギーをスピードに換えられて有利である。戦闘機とすれば、宮野大尉の提唱する収容隊は、自らの優位を捨てて不利な戦闘に突入するもので、己を犠牲にするいわば囮と言っても過言ではなかった。江間大尉は、思わず宮野大尉の顔を見た。〈反対の意見を述べた人もあったが、結局、宮野大尉の所見は採用された。宮野大尉はさらに細かい要領を説明し、最後に、

「この隊の指揮は私がとります」

と、実に淡々と事務的に言った。

一座はしばしシーンとなった。しばし言葉を発するものはなかった。

「いや、それは俺にやらせてもらいたい」

誰かそういう者があるかも知れないと思ったが、それはなかった。〉（江間大尉の手記）

六月七日の戦訓を受けて、戦闘機による航空撃滅戦、第二次「ソ」作戦が実施されたのは、六月十二日のことである。この日は、二〇四空の零戦二十四機、五八二空の零戦二十一機、二五一空の零戦三十二機が出撃。ルッセル島上空で百機近い敵戦闘機と激突し、三十機（うち不確実六機）の撃墜を報告したが、七機を失っている。

九十四機の大編隊による総攻撃

二次にわたる「ソ」作戦が一定の成果を挙げたと判断されたことから、戦爆連合の「セ」作戦が、六月十六日に実施されることになった。参加兵力は、五八二空の進藤三郎少佐を総指揮官に、零戦七十機、艦爆二十四機。進藤少佐は、昭和十五（一九四〇）年九月十三日、中国・重慶上空で零戦のデビュー戦を指揮、二十七機撃墜（日本側記録）、零戦の損失ゼロという伝説的な戦果を挙げ、昭和十

六年十二月八日の真珠湾攻撃でも第二次発進部隊の零戦隊総指揮官を務めたベテランの飛行隊長である。

作戦要領は、研究会で宮野大尉が提案した通り、戦闘機隊は制空隊、直掩隊、収容隊の三隊に分かれて艦爆による攻撃を最後まで掩護することになった。

六月十六日、午前五時。ラバウル東飛行場の列線では、出撃に備えて、二〇四空の零戦二十四機が翼を連ねていた。宮野大尉の指揮する二〇四空零戦隊は、ラバウルから、さらに前進基地であるブイン基地に進出して、そこで五八二空の零戦十六機、艦爆二十四機、二五一空の零戦八機と合流。ブイン離陸後は、さらにブカ基地から出撃する二五一空零戦隊二十二機と空中で集合して、九九艦爆隊を掩護しながら、ガダルカナル島ルンガ泊地の敵艦船の攻撃に向かう。

茶色の飛行服に白いマフラーも凛々しい二十四名の搭乗員を前に、二〇四空司令・杉本丑衛《うしえ》大佐が簡潔な訓示を述べ、「成功を祈る」と締めくくった。続いて、宮野大尉が作戦要領を説明し、終わって、「各中隊かかれ！」と号令をかける。それを受けて、第二中隊長・森崎武予備中尉、第三中隊長・日高初男飛曹長が、それぞれ列機搭乗員の方に向き返ると、「かかれ！」と復唱する。搭乗員たちが敬礼して、踵《きびす》を返しておのおの乗機に向けて歩き出す。

いざ、出撃。搭乗員の士気がいやが上にも高まる一瞬である。が、そこで宮野大尉は、一人の搭乗員の手に目をとめた。この日、宮野大尉の三番機として出撃することになっていた大原亮治二飛曹。前年十月、宮野大尉とともにラバウルに進出して以来、抜群の素質と技倆《ぎりょう》を見込まれ、主要な作戦では常に指揮官機の列機を務めてきた、最愛の部下である。大原二飛曹は前日、誤って左手の人差指をかなり深く切る怪我をして、手に包帯を巻いていたが、飛行手袋をつけられるようにと薄く巻いていたので、その包帯には少し血がにじんでいる。

「なんだ大原、その手は」

「ちょっと切り傷しましたが、大丈夫です」

逸《はや》る気持ちでその場を取り繕おうとした大原二飛曹に、宮野大尉はすぐさま、「だめだ、降りろ」と命じた。

「いや、大丈夫です」

「大丈夫と言ったって、これで七千も八千（メートル）も上がったら血を吹くぞ。今日はだめだ。お前は残れ」

なおも何かを言おうとする大原二飛曹を制するかのように、宮野大尉は、「交代員用意！」と、指揮所に向かって怒鳴った。交代要員としてライフジャケットをつけて待機していた橋本久英二飛曹が、機敏な動作で落下傘バンドを身につけると、駆け寄ってきて宮野大尉に敬礼をした。

こうして、この日の宮野大尉の三番機は、大原二飛曹から橋本二飛曹に替わることになった。いつも三番機として宮野大尉の右後ろの位置についてきた大原二飛曹は、一抹の不安を抱きながら編隊を見送った。

六時五十五分、零戦隊はブイン基地に着陸。ここで燃料補給、打ち合わせを済ませて、午前九時、指揮所前に全搭乗員が集合。第二十六航空戦隊司令官・上阪香苗少将、五八二空司令・山本栄大佐、そして空中総指揮官の進藤三郎少佐の訓示ののち、搭乗員は各々の乗機に向かう。

「弁当は巻寿司弁当で、サイダー三本も配給になった。上空ではサイダーなんか飲めないから、飛行機の側で出撃を待つ間、整備員に一本やり、自分で二本飲んだ。上がったら食事の暇などなさそうだったし、今日は基地に帰ってこられないと思っていたから、弁当も地上で半分ぐらい食べた。艦爆の搭乗員は、暑いのに真っ青な顔をしていた」

と、八木隆次二飛曹は回想している。

午前十時、ブイン基地出撃。

五八二空庶務主任だった守屋清主計中尉は、大作戦に興奮を抑えられず、早朝から愛用のカメラ・セミプリンス（藤本写真工業製の蛇腹式スプリングカメラ）を手に、ブインの飛行場に出ていた。

守屋主計中尉が見ている前で、進藤少佐機が滑走路の中央に出た。進藤機は、両翼に長銃身の二十ミリ機銃、二号銃三型を装備した新型の零戦二二型甲である。機番号は173、濃緑色の機体の後部胴体に描かれた、「く」の字二本の黄色い指揮官標識が鮮やかに印象に残った。

進藤少佐は、風防を開けたまま、司令官以下の見送りに軽く敬礼すると、白いマフラーを風になびかせて轟然と離陸滑走にうつった。

「同じ航空隊でも、零戦の搭乗員は整備員や主計科とは明らかに違う別格の存在感をもっていて、主計中尉ごときが気安く話しかけることのできないような雰囲気があった。威張っていたわけではなく、ただ、近寄りがたい殺気をみなぎらせていたんです。飛行隊長の進藤少佐にいたっては、雲の上の存在でした。私は憧れのスターを仰ぎ見るような気持ちで、離陸滑走に入った進藤機にカメラを向け、シャッターを切りました」

と、守屋さんは語る。

進藤少佐直率の五八二空一六機、宮野善治郎大尉率いる二〇四空二十四機、香下孝中尉率いる二五一空八機の零戦隊に続いて、各機二百五十キロ爆弾一発と六十キロ爆弾二発をかかえた江間保大尉率いる五八二空の九九艦爆二十四機も離陸。ブカ基地から飛来した大野竹好《たけよし》中尉が率いる二五一空の零戦二十二機とブイン上空で合同し、合計九十四機の大編隊は、ガダルカナル島を目指して南東方向に向かって飛んでいった。

迎え撃つ百四機の米軍戦闘機

ルンガ泊地はガダルカナル島北西端に位置している。そこへ、南西から島を横切る形で突撃、爆撃を終えるとそのまま北進し、海の方向に避退するのが日本側の計画だった。艦爆隊の四個中隊は、目標上空に達したら、目分量で目標を四等分して各自の目標を定めることとされていた。一つの目標に対しては一個小隊三機があたり、これに爆弾二発が命中した場合には、三番機は別の目標を狙う。

艦爆を中心に、その左右と後方にほぼ同数の零戦が掩護する形で飛ぶこと一時間四十分。

「戦闘機と艦爆、合わせて百機近くいるんだから、これは素晴らしい、と機嫌よく飛び続けました」

と、二〇四空零戦隊で宮野大尉の四番機だった中村佳雄二飛曹は回想する。

ガダルカナル島南側から陸地上空に入ると、山の北向こうの海岸線に、目指すルンガ泊地が見えてきた。進藤少佐は、バンクを振って（機体を左右に傾ける）、「トツレ」（突撃準備隊形制《ツク》レ）を下令する。空中で交信できる無線機はこのときの基地航空部隊の零戦にはなく、意思の疎通はバンクか手信号によるしかなかった。艦爆隊の第二中隊以下が、全速で前に出て第一中隊と並んだ。ここまでは訓練どおりの一糸乱れぬ隊形だった。

艦爆が攻撃態勢に入るまでは零戦隊は絶対に離れてはいけない。零戦のほうがスピードが速いので、二機ずつが交差してバリカンの刃のような動きで飛びながら、艦爆隊についてゆく。

敵は地上の陣地から激しく対空砲火を撃ち上げてくる。二〇四空の田村和二飛曹が操縦する零戦が、直撃弾を受けて突然、空中分解した。バラバラになった機体から田村二飛曹の体が放り出されて宙を舞うのを、編隊最後尾を飛んでいた八木隆次二飛曹が目撃している。それでも、編隊はくずさない。

攻撃開始の頃合いを見て、進藤機がふたたびバンクを振って、突撃を令する。艦爆は各小隊、三機ごとの単縦陣となり、高速で敵艦隊をめがけて急降下に入る。進藤さんの回想――。

「そのとき、前上方からグラマンF４F十二機の編隊が突っ込んでくるのが見えた。F４Fは零戦に構わず、まっしぐらに艦爆隊に襲いかかってきます。編隊をリードすべき総指揮官が最初から空戦に入るのは避けたいところだが、そう言っていられる状況ではなかった。私は敵機を追い払おうと、とっさに単機で正面から敵編隊に挑んでいったんです。

すると敵機は、私の機に記された指揮官標識に気づいたのか、艦爆を攻撃するのをやめ、全機でかかってきた。敵機を撃墜するより、一刻も長くこの敵を引きつけないといけない、そう考えて、フットバーを踏んで機体を横滑りさせながら敵弾をかわし、敵機が味方編隊から遠ざかるように飛び続けました」

進藤少佐は、敵機の動きを見ながら、その主翼前縁にある機銃口がチカチカ光るのと同時に操縦桿を思い切り引いて左急旋回をうつ。敵機はつんのめって進藤機の前に飛び出す。照準器の光枠いっぱいに敵機の姿が見える。おあつらえ向きの射撃体勢だ。

「しめた!」

と、進藤少佐は左手で機銃の発射把柄を握った。二号銃が火を噴き、機銃弾が敵機の胴体に炸裂する。敵機はブワッと黒煙を吐く。

「しかし、撃墜を確認している暇はありません。振り返るとまた、別の敵機が撃ってくる。目の前を白い尾を引いて曳痕弾《えいこんだん》がよぎる。空戦しながら味方攻撃隊のほうを見ると、新手の敵戦闘機が現れたのか、一機の九九艦爆が撃墜され、飛沫を上げて海面に突っ込むのが目の端に映りました。掩護するはずなのに申し訳ない、と涙が出そうになりました。グラマンを振りほどこうと、目の前に浮かぶ断雲のなかに逃げ込む。しかし、雲から出ると、敵機はちゃんと先回りして待ち構えてる。また雲に入る。そんな動きをしばらく繰り返し、海面すれすれでスコールに飛び込み、ようやく敵機を振り切ることができました……」

この日は米軍も、百四機もの戦闘機を邀撃に発進させていて、進藤機が十二対一の空戦を演じている間にも、彼我入り乱れての大空戦が繰り広げられていた。

艦爆隊が攻撃態勢に入ると、宮野大尉の二〇四空零戦隊はかねてからの打ち合わせ通り、ぐんぐんと前に出て、爆撃を終えた艦爆の前路に待ち構える敵戦闘機の掃討に向かった。

中村佳雄二飛曹の回想。

「高度六千メートルから緩降下して、おそらく四千メートルぐらいになったとき、左下方からアメリカの戦闘機P－40がこちらに向かってくるのが見えました。まだ距離は遠いし、敵が攻撃するには無理な態勢だと判断しました。まだ、かわしたり対抗するには早いと。ところが、その遠くから撃ったやつが命中したんだから運が悪かった。撃ってくるのも、弾丸が当たるのもわかります。あっという間に左翼の二つある燃料タンクの外側がやられて、燃料を噴き出しました。これはもう味方について行けんと、エンジンの排気炎がガソリンに引火しないよう、ガソリンが外に流れるように機体を横滑りさせながら、高度を下げていきました」

中村二飛曹が、燃料タンクを切替えようとコックを操作したら、手にダラーッと血が流れた。痛みを感じないので気づかなかったが、改めて見ると、胸、顔、手をやられて激しく血が噴き出していた。ふと外を見ると、いつの間に来たのか、右横に宮野大尉機がついていた。宮野大尉は手信号で、燃料だけでなく潤滑油も漏れていることを伝え、次いで右手で丸く輪を描いて、下を指差した。描いた丸は上空から見たコロンバンガラ島の形である。

「コロンバンガラ島に不時着せよ、か。よし」

中村二飛曹は右手を軽く上げて「了解」を伝えた。それから改めて燃料コックの切替操作をして、もう一度ふり返ったら、宮野機の姿はすでになかった。まだ戦闘は始まったばかり、隊長は空戦場に戻ったのだろうと思った。出血がひどく、マフラーを切って腕を縛ってみたが、片手ではうまくいかず、血は流れ続けた。敵弾は、操縦席左下前方にある脚出し確認ランプの真ん中で炸裂し、無数の弾片が体に食い込んでいたのだ。機体には八発の敵弾が命中していた。エンジンも濛々《もうもう》と煙を吐き、焼きつく寸前であった。

「敵機の目を避けるため目いっぱい高度を下げて飛び、ようやくコロンバンガラ島にたどり着きました。脚を出しても、ランプが破壊されているから確認できない。で、着陸した時ひっくり返ってもいいように座席をいちばん下まで下げて、そのままどうにか、うまく着陸できました。

整備員が誘導してくれるのは見えましたが、出血のせいか意識が朦朧《もうろう》として、すぐに行き足が止まってしまい、私は立ち上がることもできませんでした。そしたら、これは搭乗員がやられとると、整備員たちがトラックでやって来て、飛行機からひっぱり出して戸板に乗せて、荷台に上げて運んでくれたんです。ちょうどその時、艦爆が一機、不時着してきましたが、後席の偵察員が立ち上がって、私の方に敬礼してる。それが、目迎目送といって死者に対する敬礼だったから、俺はもう駄目かも知れないと思いましたね……」

また、二〇四空零戦隊の渡辺秀夫上飛曹は、

「高度五千〜六千メートルから、艦爆隊の上を護衛しながら突っ込んでいくと、敵は、艦船からも地上陣地からも、ものすごい対空砲火を撃ち上げてきました。一分の隙間もないような弾幕です。艦爆隊はそれには目もくれず、ルンガ泊地の敵艦をめがけて急降下に入る。途中で火を噴いて墜ちてゆくのも何機かありました。そして、投弾を終えた艦爆が、安全圏まで退避したのを見届けて、われわれ戦闘機隊は空戦場に引き返して、敵の戦闘機を蹴散らすんです。燃料計を見ながら、帰れるぎりぎりの時間まで空戦をしました」

と回想している。

ついに還らなかった名指揮官

艦爆隊は、対空砲火をかいくぐって、高度三千メートルから急降下に入った。ときに十二時五分。江間保大尉は、ルンガ泊地の中央に停泊している大型輸送船に狙いを定めた。目標の先には多くの敵戦闘機が集まっているのが見える。

「あ、いやがる」

と江間大尉は思った。

「高度千五百」

後席の偵察員、佐伯繁喜飛曹長の声が、伝声管を通じて伝わる。江間大尉は照準に全神経を集中した。飛行機は敵船めがけてまっしぐらに降下してゆく。

「用意」

高度六百五十メートル、目標はぐんぐん迫ってくる。

「テーッ」

高度四百五十メートルで、江間大尉は爆弾の投下把柄《はへい》を引き、同時に操縦桿を渾身の力で引いた。強いG（重力）がかかって、機は敵船すれすれに海上に飛び出す。しかしそこには、数知れない敵戦闘機が待ち構えているのだ。

〈敵戦闘機はべったり群がっていて、通り抜ける隙間もないぐらいであった。〉

と、江間大尉は手記に記している。

爆撃を終えた江間機は、七〜八機の敵戦闘機の追尾を受けた。敵機は代わる代わる後上方から攻撃を加えてくる。後席の佐伯飛曹長は胸に二発の機銃弾を受けて即死した。戦果を確認するどころか、列機の状況を確認する暇もなかった。イサベル島南端の、定められた集合地点に集まったのは、江間機を含む三機だけだった。江間機は片方の車輪を撃ち抜かれたほか、プロペラから尾翼まで、なめたように機銃弾が命中しており、その弾痕は五十数発におよんでいた。

零戦隊もまた、かつてないほどの悲愴な戦いを続けていた。直掩任務を帯びた二五一空・大野竹好中尉（二週間後の六月三十日戦死）は、遺稿となった手記のなかで、

〈今や爆撃隊を守り通すために、戦闘機は自らを盾とせねばならなかった。降り注ぐ敵の曳痕弾と爆撃機の間に身を挺して、敵の銃弾をことごとく我が身に吸収し、火達磨《ひだるま》となって自爆する戦闘機の姿、それは凄愴にして荘厳なる神の姿であった。（中略）

海面すれすれを這って高速避退する爆撃機、これに襲いかかる敵戦闘機、これを追い散らし蹴散らす味方戦闘機、スコールのような敵砲火で真っ白に泡立つ海上で、これらの間に凄烈なる戦闘が展開された。艦爆危うしと見るや、救うに術なく、身をもって敵に激突して散った戦闘機、火を吐きつつも艦爆に寄り添って風防硝子《ガラス》を開き、決別の手を振りつつ身を翻《ひるがえ》して自爆を遂げた戦闘機、あるいは寄り添う戦闘機に感謝の手を振りつつ、痛手に帰る望みなきを知らせて、笑いながら海中に突っ込んでいった艦爆の操縦者。泣きながら、皆、泣きながら戦っていた。〉

と、その凄絶な空戦の模様を記している。

また、二〇四空零戦隊の八木隆次二飛曹は、艦爆隊が急降下に入るとき、前方に突っ込んだ中村二飛曹機が被弾、煙を吐き、神田佐治二飛曹機が、身を挺して艦爆の下にもぐり込み、敵戦闘機に撃たれて火を噴いたのを目撃している。

「艦爆もずいぶん煙を吐いて突っ込んだ。下にもグラマンがいて撃ち合いが始まっていた。宮野大尉が煙を吐いた中村機に不時着の指示を与え、空戦場に引き返してきたあと、二度見た。翼端が切ってあり（三二型）、胴体に黄帯二本のマークのついた隊長機が飛び回っているのを見ましたよ」

八木二飛曹が見たのを最後に、宮野大尉機の消息は途絶えた。この戦闘で、日本側は米軍機二十八機を撃墜（うち不確実二機）、大型輸送船四隻、中型輸送船二隻、小型輸送船一隻を撃沈、大型輸送船一隻を中破させたと報告したが、米側資料によると、この日の米軍戦闘機百四機のうち、失われたのは六機に過ぎない。輸送船一隻と戦車揚陸艦一隻が大損害を受けたが、いずれも沈没をまぬがれている。

いっぽう、日本側の損害は、零戦十五機が未帰還（戦死十五名）、一機不時着水、四機被弾（負傷二名）、艦爆十三機が自爆または未帰還、四機被弾（戦死二十八名、負傷一名）という大きなもので、戦死した零戦搭乗員のなかには、名指揮官と謳われた宮野善治郎大尉ら歴戦の搭乗員も含まれていた。艦爆の損失にいたっては、未帰還機だけとっても過半数を超える致命的な数字だった。当時南東方面艦隊参謀だった三代《みよ》一就《かずなり》中佐の回想によると、宮野大尉には近く内地帰還が言い渡されるはずであったという。

生還した零戦、艦爆の多くは途中のブカ、およびブイン基地に着陸し、その日のうちにラバウルに帰投したのは、渡辺秀夫上飛曹機をふくめ六機に過ぎなかった。

「搭乗員があまり帰ってこないので、二〇四空副長の玉井浅一中佐が心配して私を呼んで、『どうしたんだ』と聞くんだけど、私にも他の人のことはよくわからない。宮野大尉と森崎予備中尉が帰ってこないということで、司令も副長もがっかりされているようでした」

と、渡辺さんは回想する。進藤三郎さんは、

「総指揮官たる私がグラマンに空戦を挑んだことで隊形がくずれ、そのため味方が苦戦したのではないかと、ずっと悔やみ続けました。グラマンに追われてやっと振り切ったとき、思わず安堵のため息をついたことを、自分自身、心底恥ずかしく思った。しかし、無線も通じないのに百機近い編隊を意のままに指揮することなど、実際にはできはしない。いままで感じたことのないような無力感にとらわれましたね……」

と語っている。

大原亮治二飛曹に代わって宮野大尉の三番機についた橋本二飛曹は、空戦中、隊長機をカバーできずはぐれてしまったことに深い自責を感じているようで、しょげきっていた。「隊長を見殺しにしてしまって、死んだ方がよかった」と苦吟《くぎん》する橋本二飛曹の姿を、大原さんは記憶している。

〈日本は負ける〉と記されていた隊長の手記

六月十六日の「セ」作戦による戦いは、「ルンガ沖航空戦」と名付けられ、六月十八日午後三時三〇分をもって大本営から発表された。

六月十九日付の朝日新聞東京本社版では、一面トップの扱いで、〈海鷲《かいしゅう》『ルンガ沖航空戰』〉の記事が掲載された。ここで初めて「航空戦」という呼称が使われ、朝日新聞も〈新呼稱《こしょう》の「航空戰」〉と題する囲み記事をつけている。以下、引用。

〈今回のルンガ沖の大戰果を最初として、今後大本營發表において海軍航空部隊のみによる戰果に對して「航空戰」といふ新呼稱が用ひられることとなった。開戰以来海軍部隊の戰果はひとしく「海戰」との呼稱をもって呼ばれてゐたのであるが、今後は艦艇部隊のみ或は艦艇、航空部隊協同作戰による戰闘については從來通り「海戰」と呼ばれるが航空部隊のみの戰闘は今後「航空戰」と呼ばれる。（中略）なほこの呼稱は既往には遡《さかのぼ》らない。〉

六〇三作戦は、損害に見合うだけの戦果を挙げたと信じられていたが、実質的には敵にほとんど影響を与えておらず、逆に日本側の戦力が大きなダメージを受ける結果になっていた。

ルンガ沖航空戦を境に、それからのソロモン航空戦は、攻勢に出る敵を必死で食い止めようとする、防戦一方の凄惨な戦いとなった。勢いに乗る米軍は一大攻勢に転じてきた。

この時期、一連の空戦の模様を、ガダルカナル島に近いニュージョージア島ムンダの陸上から目撃していた呉鎮守府第六特別陸戦隊の伊藤安一少尉は、

「固唾《かたず》を飲んで見守っていると、墜ちてゆくのはみな友軍機ばかり。かわいそうでしたよ」

と筆者に語っている。

ラバウル、ソロモンの戦いの厳しさを物語るデータがある。零戦隊の主力として戦った二〇四空を

例にとると、昭和十七年八月から昭和十八年六月までの間に配属された百一名の搭乗員のうち、七十五パーセントにあたる七十六名がそこから出ることなく戦死。日本に還ることができた二十五名も、うち十三名が硫黄島、フィリピン、日本本土上空などの戦いで戦死し、生きて終戦の日を迎えたのは十二名にすぎない。これはたとえば、大戦末期の昭和二十年二月に特攻専門部隊として編成され、沖縄方面に出撃を重ねた第二〇五海軍航空隊（搭乗員百三名のうち、戦死者三十五名）と比べてもすさまじいばかりの消耗率である。

しかも、これは単なる数字ではない。戦闘記録に「自爆」「未帰還」と朱字で記された一人一人に、短いながらも人生があり、家族があり、それぞれの思いがあった。

宮野大尉の六歳上の姉・宮崎そのさんは、

「善治郎の戦死の報せがあったとき、ふだんは気丈な母・アサが、泣いて泣いて泣きぬれていました……」

と語っている。遺族に還された遺品のなかに、宮野大尉が戦死の直前まで陣中で記していた手記があった。開いてみると、そのなかに、〈日本は負ける〉と確かに記されていたという。負けを見通して、なおかつベストを尽くして戦わなければならなかった弟の心中が、痛いほど感じられた。戦争が、善治郎が書いた通りの結果になったとき、遺族はいたたまれずにそれらを全部、火のなかにくべた。そのさんは、亡き弟への思いを胸に秘めたまま、平成二十（二〇〇八）年、百歳の天寿を全うした。

大原亮治さんは、

「宮野大尉が還ってこないと知ったとき、なんで無理してでも行かなかったのかと、自分が恥ずかしかった。あんなに苦しい思いをしたことはありません。出撃していたら、まず八割方は、私もやられていたかと思います。しかし、それまでもそうであったように、隊長機を守り通せたかも知れない。最後の出撃について行かれなかったことが、いまでも悔やまれます。あのとき出ていたらどうだったかな、生きてたかな、死んでたかな、隊長を守ることができたら、その後、どんな人生を歩まれたのかな……。隊長が、今日は残れ、と言われたのは、お前は生きてろ、と将来の暗示を与えられたのかなと、いまでも、毎日、隊長の遺影の前で自問自答を繰り返していますよ」

と述懐している。大原さんは、飛曹長となり横須賀海軍航空隊で終戦。戦後は海上自衛隊を経て航空振興財団で後進の指導にあたったが、ルンガ沖航空戦のあった六月十六日には、自宅の神棚にその日の航空弁当だった巻寿司を供え、宮野大尉戦死後七十年の平成二十五（二〇一三）年まで、靖国神社に昇殿参拝することを欠かさなかった。

心に深く刻まれた戦争の傷痕《きずあと》は長い年月を経ても癒えることなく、亡き人の面影は生ある限り褪《あ》せることはない。

昭和18年4月頃、ラバウル東飛行場における第二〇四海軍航空隊の零戦の列線

第二〇四海軍航空隊飛行隊長・宮野善治郎大尉（戦死後中佐）。零戦隊の名指揮官と謳われた

第五八二海軍航空隊艦爆隊長・江間保大尉（のち少佐）

二〇四空零戦隊・大原亮治二飛曹（のち飛曹長）

二〇四空零戦隊・中村佳雄二飛曹（のち飛曹長）

二〇四空零戦隊・渡辺秀夫上飛曹（のち飛曹長）

五八二空飛行隊長・進藤三郎少佐

昭和18年6月16日、ブカ基地を発進直前の二五一空の零戦搭乗員たち。前で敬礼するのは、指揮官・大野竹好中尉

同日、ブイン基地で整列する五八二空の艦爆搭乗員たち

同日、ブイン基地で出撃直前、総指揮官・進藤三郎少佐の訓示を聞く五八二空、二〇四空の零戦搭乗員たち。整列する前列右から2人めが宮野善治郎大尉

昭和18年6月16日、ブイン基地をまさに発進せんとする五八二空飛行隊長・進藤三郎少佐乗機の零戦二二型甲。機番号は173

ブイン基地を離陸する、二〇四空飛行隊長・宮野善治郎大尉の乗機。これが最後の姿になった（撮影／五八二空庶務主任・守屋清主計中尉）

第四章

ヒトラーの要望で日仏を往復した潜水艦乗組員を待ち受けた過酷な運命

地球半周が可能だった日本海軍の大型潜水艦

第二次世界大戦下、ヨーロッパで激戦が続いていた昭和十八（一九四三）年の初秋、フランス・パリの街を、バスを連ねて観光する日本人の一群がいた。遺された写真を見ると、ほぼ全員が日本海軍の紺の軍服姿である。この光景を見て、ドイツ占領下のパリでは、日本が援軍を送り込んできたのだと、眉をひそめて噂する人たちもいたという。この日本海軍の将兵は、どこから、なんの目的でやってきたのか。そしてその後、彼らはどうなったのか――。

第二次世界大戦たけなわの昭和十八（一九四三）年八月三十一日、フランス・ビスケー湾の北西岸、ブレスト軍港に、三隻のドイツ海軍水雷艇に護衛され、さらに六隻の機雷原突破船に厳重に守られた一隻の潜水艦が入港した。

伊号第八潜水艦（伊八潜）、日本海軍の大型潜水艦である。

昭和十三（一九三八）年に竣工した、当時としてはやや旧式艦だったが、潜水戦隊旗艦として司令部を置くことのできる設備をもち、基準排水量二千二百三十一トン、全長百九・三メートル、最大幅九・一メートル、魚雷発射管六門と、状況により発射管に換装できる魚雷格納筒二本、さらに十四センチ連装砲一基（二門）を備え、飛行機一機（九六式小型水上偵察機）を搭載する。

最大速力は水上で二十三・五ノット（時速約四十三・五キロ）、水中で八ノット（時速約十五キロ）。また、十六ノット（時速約三十キロ）の水上航走で、地球半周を優に超える一万四千浬（約二万六千キロ）の長大な航続力をもち、無寄港で連続六十日の作戦行動が可能だった。

伊八潜は、昭和十六（一九四一）年十二月八日の開戦時には、他の潜水艦とともにハワイ・オアフ島を包囲、機動部隊による真珠湾攻撃を側面より支援。昭和十七（一九四二）年初頭には、偵察任務を帯びてアメリカ西海岸、サンフランシスコ港外にまで進出している。

同年七月十五日、艦長が江見哲四郎中佐から内野信二中佐に交代、こんどは南太平洋、ソロモン諸島のガダルカナル島をめぐる攻防戦で、輸送任務や陸上砲撃に従事。そして昭和十八年三月二十一日、呉軍港に帰投したところで、ドイツへの派遣を命じられたのである。

第二次世界大戦当時、日本はドイツ、イタリアと三国同盟（日独伊三国同盟・昭和十五［一九四〇］年九月二十七日締結）を結んでいたが、地理的な遠さもあって、日本とドイツ、イタリアが直接、協同作戦を行ったのは、インド洋で、日独の潜水艦が通商破壊戦（インド洋を航行する敵船舶を撃沈し、人員、物資の輸送を妨げる）をともにした例があるのみである。

日本と独伊との直接連絡の方法も、陸路、空路ともに成功せず、残るは、敵の制空、制海権の下を潜行して突破できる、潜水艦による方法しかなかった。

ドイツ総統ヒトラーは、インド洋での日本潜水艦による通商破壊戦の強化を強く望んでいたが、日本側は太平洋の作戦に兵力を注がなければならないため、インド洋に十分な数の潜水艦を配備することができなかった。

そのため、ドイツとしては建造日数の短い中型潜水艦（Uボート）二隻を日本に無償提供するから、日本側はそれをモデルに多数の潜水艦を建造し、インド洋に配備してほしい、ということになったのだ。二隻のUボートのうち、一隻はドイツ海軍が回航するが、もう一隻は日本海軍の手で回航することと決められた。

そこで、そのUボートの回航員（乗組員）をドイツまで輸送することを主な任務として、伊八潜がドイツに派遣されることになったのである。

遣独第一艦・伊三十潜はシンガポールで爆沈

じつは、日本の潜水艦がドイツに派遣されたのはこれが初めてではない。前年の昭和十七年三月、ドイツで不足している雲母《うんも》や生ゴムなどの軍需物資や、航空魚雷、航空母艦の設計図などを満載した伊号第三十潜水艦（伊三十潜）が、ドイツへ向け出港している。

アラビア海からアフリカ大陸東岸を南下し、マダガスカルに至る英軍拠点の偵察任務につきながら、南アフリカ・喜望峰沖をまわって大西洋を北上。五ヵ月近い航海を経て、八月六日、フランス・ビスケー湾のロリアン軍港に入港した。

伊三十潜で砲術長を務めた当時二十一歳の竹内釼一《たけうちけんいち》少尉（のち大尉。戦後、伊藤忠商事勤務）は、筆者のインタビューに、次のように答えている。

「ロリアンに入港するとき、岸壁は黒山の人だかりで、ドイツ占領下とはいえ、オープンな歓迎に驚きました。ドイツ海軍は、潜水艦隊司令長官・デーニッツ大将、占領軍司令長官・シュルツェ大将が出迎えに来ていて、期待の大きさを実感しましたね。

それから艦長・遠藤忍中佐以下、士官四名はベルリンに招待され、艦長にはヒトラー総統からホワイトクロス勲章が授与された。ほかの乗組員約百名は、二手に分かれて観光旅行です。占領下のパリは平穏そのもので、のんびりと市内見物を楽しみました。

パリでは当時、日本の行進曲『軍艦』（軍艦マーチ）の旋律が流行っていて、行く先々で聴かせてくれましたよ。有名なシャンゼリゼ通りのキャバレー『リド』に入ったとき、それまで演奏していた曲を止めて軍艦マーチを演奏してくれたのにはびっくりしました」

ただ……と、竹内さんは言う。

「Uボートと比べると、こちらの潜水艦の技術水準は、はっきりと劣っていました。特にドイツでは、潜水艦が敵の水上艦艇に発見されないよう、防音対策が万全に施されていましたが、向こうの士官に言わせると、日本の潜水艦は太鼓を叩きながら歩いているようなものだと。見てみると確かにそれだけの差があって、がっかりしましたね」

半月の滞在ののち、海の色の明るい大西洋に合わせ、ライトグレーのドイツ軍艦色に化粧直しされた伊三十潜は、ドイツ側から譲渡された電波探信儀（レーダー）をはじめとする兵器や暗号機、個々の乗組員にプレゼントされたカメラや腕時計、洋服地、パリで買い込んだ土産物を満載し、八月二十二日、ロリアンを出港。順調な航海を経て十月十三日、シンガポールに寄港したが、ここで機雷に触れ、まさかの爆沈。日本への帰還を目前に、十四名の乗組員が、ドイツから持ち帰った貴重な物資とともに海底に沈んだ。

伊八潜に、「遣独第二艦」として派遣命令が下されたのは、第一艦の伊三十潜の爆沈から約半年後のことだった。

ドイツ行きが決まると、伊八潜は、Uボートの回航員など五十余名の便乗者を収容するため、予備魚雷を陸揚げし、下部魚雷発射管室を改装して居住設備を急造。警戒厳重な大西洋を突破するため、呉海軍工廠電気部が苦心の末、つくり上げた電波探知機（敵のレーダーが発した電波を傍受し、その波長と強さを同時にブラウン管上で知る装置）を装備した。

訪独準備が進められていた昭和十八年五月一日付で、内野艦長は大佐に進級。本来、潜水艦長に大佐の配員はないが、内野艦長は、伊八潜のことは隅々まで知悉《ちしつ》しているからと軍令部に直談判し、引き続き艦長の職にとどまることになった。大佐の潜水艦長は日本海軍で初である。

老練な内野艦長の残留は、結果として伊八潜の訪独成功につながる大きな要因となった。だが、その間にも、山本五十六聯合艦隊司令長官戦死（四月十八日）、アッツ島守備隊玉砕（五月二十九日）と、戦況は、前年に伊三十潜が訪独したときと比較にならないほど、日本にとって不利となっている。ヨーロッパでも、北アフリカ戦線で独伊軍が敗退するなど、状況の悪化は誰の目にも明らかだった。

喜望峰を回り約二万六千キロの無寄港大航海

六月一日、伊八潜は、百八名の乗組員とは別に、「さつき二号」と名づけられたUボート（U－1

224。のち呂五百一潜と改名）の艦長・乗田貞敏少佐以下、五十二名の回航員と食糧、必需品を満載し、呉を出港した。途中、日本海軍の潜水艦基地が置かれていたペナンで便乗者六名を乗せ、燃料、食糧を補給したのち、六月二十七日、ヨーロッパへ向かう。ペナンから、目的地のビスケー湾までは約一万四千浬（約二万六千キロ）。伊八潜の航続力ぎりぎりの距離だった。

このとき、伊八潜に二十二歳で通信長として乗組んだ桑島齊三《くわしまさいぞう》中尉（のち大尉。戦後、東大医学部を経て、千葉県旭市で産婦人科医）には、平成十四（二〇〇二）年から十九（二〇〇七）年にかけ、何度かインタビューすることができた。今回、紹介する伊八潜の訪独時の写真は、桑島さんが持ち帰り、大切に保管していたものである。

「回航員や便乗者のほかになにを積んでいたかまでは、新米士官の私には知る由もありませんでしたが、途中まで伊十潜が随伴し、二度、燃料補給を受けたのは憶えています。とにかく、インド洋の荒波と暑さには参りました。七月七日、回航員の一人だった田島二三男上等水兵が熱帯性マラリアで死亡、遺体を軍艦旗で覆った棺に納め、一人しかいない信号員が吹奏する『命を捨てて』の喇叭《らっぱ》とともに水葬しました。悲しい光景でしたね……」

潜水艦が隠密裏にインド洋から大西洋に出るには、南アフリカの喜望峰沖を通らねばならない。だがここは、「ローリングフォーティーズ」（Roaring Forties 風浪叫ぶ四十度線）と呼ばれ、風速四十メートルを超えるような西からの強風が常時吹き荒れる、世界屈指の難所だった。

「七月十一日、艦は荒天域に入りました。ローリングフォーティーズはすごかった。深度五十メートルまで潜航しても艦が揺れるんですから。夜間、浮上して当直に立つと、南半球は冬だからとても寒く、耳がしもやけになりました。以前体験した北太平洋の荒天も大変なものでしたが、冷たい波浪を頭からかぶる点、喜望峰沖のほうがきつかったですね」

激浪に叩かれて、左舷《ひだりげん》飛行機格納筒付近の側板が剥ぎとられて大穴があき、上部構造物全体の破損が懸念される事態になった。潜水艦には工作設備がほとんどないので、艦内に積んでいたワイヤーロープ、マニラロープを総動員し、破孔を縦横に網状に縛って補強に努めた。ようやく暴風圏を脱出できたのは、七月二十一日のことだった。

「十日がかりで喜望峰をまわり、大西洋に入ると、とたんに海が静かになりました。日が燦々と差して暖かくなり、なんてきれいな海だと思いました。敵艦艇や哨戒機への警戒は怠れず、緊張の続く航海でしたが、艦内の雰囲気は和気あいあいとしてましたね。中尉の私にとって大佐の艦長は近寄りがたい人でしたが、なにかの機会に艦長室に入ったら、女優・田中絹代さんのキャビネ大の写真が飾ってあって、親近感を覚えたものです」

七月二十四日、初めてドイツ側からの無線連絡が入った。さらに二十九日、駐独武官からの電報で、目的地が、安全上の見地から、前回、伊三十潜が入港したロリアン軍港ではなく、同じくビスケー湾を望む、ブルターニュ半島尖端のブレスト軍港に変更となったことが伝えられた。同時に、最新式の電波探知機を携行するドイツ潜水艦とアゾレス諸島西方海面で会合させるから、赤道を通過するとき、会合予定日を報告するよう求めてきた。

「伊八潜はそれまで、厳重な無線封止を行っていましたが、指示に従って無電を発信したところ、さっそく、それを傍受したと思われる敵の飛行機が飛んできた。電波を出すのは、かくも危険なことでした」

ドイツの潜水艦と会合したのは八月二十日のことである。ペナン出港以来二ヵ月近く、陸地を見ない航海だったが、天測航法だけでみごと地球上の一点にたどり着いたのだ。

ドイツ側の連絡将校・ヤーン少尉の指揮下、派遣されてきた工作兵の作業で、最新式電波探知機が手際よく司令塔に取りつけられた。日本で積んできた電波探知機が、大きな扇風機状のアンテナを手動で回す方式で、取り扱いが不便な上にあまり役に立たないものだったのに対し、ドイツ製のそれは、鉛筆ほどの太さの、真鍮製の二本の棒でできた簡単な構造で、大きさは数十分の一しかない。コンパクトで手間もかからず、受信波の線像も、日本製とは比較にならないほど鮮明だった。伊八潜では、日本海軍の恥になることを恐れて、呉海軍工廠製の電波探知機を分解し、艦内の奥底に隠した。

「八月二十七日、ポルトガルの突端の灯台の光芒が見えてきました。いよいよ目前にヨーロッパ大陸があるということ、それを自分の目で確かめたという感激は、いまも忘れられません。敵の電探（レーダー）に対して、一般漁船に紛れたほうが安全だからと、あえて陸岸近くを通りましたが、トロール船の漁網に引っかからないかが心配でした」

と、桑島さんは回想する。

途中、潜行中にイギリス軍の威嚇の爆雷の音を聞いたり、夜間、浮上すると、おびただしい数の夜光虫が艦の形をくっきりと浮かび上がらせて、ひやりとする場面もあったが、八月三十日午前、伊八潜はドイツ海軍の水雷艇三隻と合流し、それらに護衛される形で、翌三十一日早朝、ブレストに入港した。ブレストはイギリスから近く、湾口には絶えず英軍機が機雷を撒いていて、この機雷原を安全に航行するため、数隻の機雷原突破船が配備されていた。伊八潜が湾口に近づくと、三隻の機雷原突破船が先導し、さらに後方にも三隻がつくものものしさだった。港内には多くの防塞気球が上げられ、空襲の烈しさがうかがえる。

電波兵器講習の合間にパリ観光

軍港には「ブンカー」と呼ばれる、厚いコンクリートに守られた、潜水艦そのものを収容する巨大な防空施設兼工廠《こうしょう》が十五基も並んでいて、伊八潜は、ドイツ側の案内で左端の奥のブンカーに艦首を入れた。その瞬間、ドイツ海軍軍楽隊の演奏する「君が代」がブンカー内におごそかに鳴り響いた。ブンカーでは、ドイツ西部海軍司令長官のクランケ大将、日本海軍代表委員・阿部勝雄中将、駐独武官・横井忠雄少将ら、多くの関係者が出迎えた。

「ブンカーそのものや歓迎ぶりにも目を瞠りましたが、それよりも、女性が花束を持って出迎えてくれたのには驚きました。日本ではありえないことで、こんなこと、それまで経験したことがありませんでしたからね。

ブレストの潜水艦基地隊では、盛大な歓迎会を開いてくれました。その晩、私たちは久しぶりに陸上のベッドでぐっすり眠ることができた。ただ、乗組員同士では気になりませんでしたが、ペナン出港から六十六日、潜水艦には入浴設備がなく、一度も風呂に入っていなかったので、臭気は相当なものだったでしょう。身についた垢が、いくらこすっても次から次へと湧いて出てくるんですから。たたんで持参した軍服は汚れていませんが、着たきりの下着は、まるで醤油で煮しめたような色に変わっていました……」

入港後まもなく、桑島さんは内野艦長から、電波兵器の講習に参加する意思を問われ、興味のある事柄だったので、即座に参加を希望した。

「保養所として使われていた、シャトーヌフのフランス貴族の城館で数日間、骨休みして、通信科の下士官兵三名、Uボートの回航員五十一名とともに、ブレストを汽車で出発、パリで何日か過ごしました。艦長以下、大尉以上の士官はベルリンに招待され、デーニッツ海軍総司令長官と面会したそうです。

パリでの宿泊先は、リッツホテルでした。ベルサイユ宮殿、凱旋門、ノートルダム寺院、ナポレオンの墓、セーヌ川、夜はカジノ・ド・パリ……。見るものすべてがめずらしかったですが、シャンゼリゼ通りなんかでも、そのときはひっそり閑としていて、静かな街だなあ、と思いました。前年に伊三十潜が来たときには、どこに行っても軍艦マーチが流れていたそうですが、このときはそんなこともありません。この一年で、ドイツも相当、戦況が悪化していたんでしょう。

パリ見物のあと、ドイツのキール軍港へUボートを受け取りに行く回航員たちと分かれ、ドイツ駐在の前伊八潜艦長・江見哲四郎中佐、松井登兵機関中佐の引率で、ブリュッセルを経由して、ベルギー北岸のオステンドにあるドイツ軍電波兵器学校に向かいました」

オステンドでは、約三週間にわたって、ドイツ側から譲渡される電波探信儀（レーダー）の構造や取扱方法を学んだ。オステンドは、ちょうどドイツへ空襲に向かう連合軍機の通り道にあたり、空襲警報が発令され、敵機が頭上を飛ぶのは日常のことだった。海岸にはトーチカがいくつも据えてあって、最新式のいかにも性能がよさそうな銃が、海岸線を睨《にら》んでいた。

「木造の小さなホテルを宿舎にしましたが、戦時下で食べるものがなくて困りました。朝は黒パンにコーヒー色をした味のない飲み物、バターなんてめったにつかない。昼は、深皿に洋風の極端に肉の少ない肉じゃがのような料理だけ、夕方はなんだったか、とにかくお腹がすいて困りました。夕方、勉強が終わったあと町に出てみたけど、八百屋にも少しの野菜があるだけ。玉ねぎを買って帰り、宿舎で生のままかじって空腹をしのぎました」

桑島さんがオステンドで講習を受けていた九月八日、イタリアが連合国に降伏。日独伊三国同盟の一角がくずれた。

「ドイツの軍人はみな、イタリアは弱いんだと悪口を言ってましたね。けれども駐独武官の誰かが、こっそり私に、『ドイツはヨーロッパの嫌われ者ですよ』と耳打ちしてくれて、それが強く印象に残りました。それまでドイツには憧れこそすれ、マイナスの知識もイメージも持っていませんでしたから……」

講習を終えた桑島さん一行は、帰りもパリに立ち寄り、デパートで買い物などをして、ビスケー湾の奥に位置するミミザン対空機銃学校で講習を受けてきた砲術長・大竹寿一中尉の一行と合流、ブレストに戻った。

ブンカーに係留された伊八潜は、桑島さんの留守中にドイツ海軍の手で必要な補修を終え、輸送物資を積み込んで、帰国の準備を整えていた。ドイツ軍の誇る二十ミリ四連装対空機銃は、艦の司令塔後方の甲板上に装備され、持ち帰られることになった。前回の伊三十潜は、ドイツ軍艦色のライトグレーに塗り替えられたが、伊八潜は日本の潜水艦の黒い塗色のままだった。

搭載物件はすでに梱包されていて、その詳細について桑島さんは知る由もなかったが、残された目録によると、電波探信儀やその図面、ダイムラーベンツ製高速艇用発動機とその図面、エリコン二十ミリ機銃百二十挺、急降下爆撃照準器、レントゲン検査装置、医薬品、ボールベアリングなど五十六件におよぶ物件が搭載され、日本に運ばれることになっていた。しかし、カメラや洋服地など、伊三十潜のときのような乗組員個々への土産物はなく、ただワイン一箱が餞別に届けられただけだった。

伊八潜は、帰国する横井少将ら日本人十名と、駐日大使館に赴任する四名のドイツ人便乗者を乗せ、十月五日、潜航試験を装ってひそかにブレストを出港した。

写真に写る回航員は全員、乗組員も大半が戦死

内野艦長の慎重さはきわだっていた。駐独武官からは、決められた地点から報告電報を打つことを求められていたが、それもあえて無視した。一度、督促にやむを得ず電波を出したところ、すぐに翌朝、敵機が飛来し、爆雷攻撃を受けた。

「急速潜航でことなきを得ましたが、それで皆、洋行気分が吹き飛んでピンとしました。電波を出すと必ず敵機がやって来る。ほんとうに怖いことでしたね」

ほどなく、大きな商船と行き違った。そろそろ、輸送任務に飽きてきた乗組員たちは色めきたった。撃沈するつもりでしばらく後を追い、日が暮れると、船の舷側に、電灯で大きな十字マークが描かれているのが見えた。中立国船舶の印である。艦長は雷撃を中止した。数日後、見逃したこの船は日英の居留民交換船であったことがわかった。

喜望峰沖、ローリングフォーティーズの暴風圏も、こんどは追い風になるため無事に突破し、インド洋を北上。マラッカ海峡に敵潜水艦が出没しているとの情報にペナン帰港はとりやめ、スンダ海峡を通って十二月五日、シンガポールに入港した。シンガポールに入港してはじめて、次の遣独艦・伊三十四潜がペナン沖で敵潜水艦に撃沈されたこと、その代艦として伊二十九潜が急遽、ドイツへ派遣されることになり、現在、その準備が進められていることを知らされた。伊二十九潜艦長・木梨鷹一中佐は、米空母「ワスプ」を撃沈した歴戦の艦長である。木梨中佐の強い要望で、伊八潜が搭載してきたドイツ製電波探知機を、伊二十九潜に移設した。

十二月十日、シンガポールを出港。

「そこから先も、慎重な航海でした。日中は潜航して時間を調整し、夜に浮上してバシー海峡を十六ノットの高速で、之字運動（ジグザグ運動）をしながら突っ切りました。通常の航海よりも何日か余計に日数をかけて、十二月二十一日、呉軍港に帰着しました」

六月一日に呉軍港を出港してから約半年、総航程は三万四千浬（約六万三千キロ）に達していた。搭載物件はただちに陸揚げされたが、なかでもダイムラーベンツの高速艇用発動機の完成品を持ち帰ったことは、呉工廠造機部の技術者たちを喜ばせた。だが、任務を完遂した乗組員には、すぐさま新たなる戦いが待っていた。桑島さんの回想――。

「伊八潜は修理のため、岡山県の玉野造船所に回航されました。そして、有馬温泉で慰労会が行われることになり、一行は神戸へ向かったんですが、温泉宿に着いたところで、私に『伊号第五十三潜水艦艤装員』の辞令が出て、そのまま宴会に出ることもなく、呉で艤装中の伊五十三潜に着任しました。

伊五十三潜では航海長を務めたあと、潜水学校高等科学生を経て、ふたたび伊五十三潜に水雷長（先任将校――艦長の次のポスト）として乗り組み、昭和十九（一九四四）年十月の比島沖海戦やパラオ方面の回天（人間魚雷）特攻作戦に参加しました。比島沖海戦では、付近の海域に派遣された七隻の伊号潜水艦のうち六隻が撃沈され、伊五十三潜もやられっ放しでかろうじて還ってきました。敵の制圧を受けて三十八時間もの間、爆雷攻撃を受けながら潜航を続けましたが、あれはきつかった。艦内の酸素が減って気圧が二気圧にまで上昇したんです。やっと敵を振りきって浮上し、信号長がハッチを開けた途端、気圧差で彼は外に吸い出されてしまいました。

――訪独の頃は、ことによると巻き返せるかもしれないと思っていましたが、帰って潜水学校で講習を受けたとき、敵の攻勢に防御線がどんどん狭められている現状を聞かされて、これはどうやっても勝てっこないな、と。だから終戦の玉音放送を聞いたときも、来るときが来た、そんな感じでした」

戦時中、遣独の命を受けた潜水艦は五隻。第一艦・伊三十潜は帰途、シンガポールで爆沈し、第三艦の伊三十四潜は往路、ペナン港外で撃沈され（昭和十八年十一月十三日）、次の伊二十九潜も、シンガポールまでは無事に還ってきながら、日本への帰途、米潜水艦の魚雷で撃沈されている。最後の伊五十二潜は、昭和十九年六月二十三日、大西洋アゾレス諸島北方で『独潜水艦トノ会合ニ成功ス』と打電したまま消息を絶つ（翌二十四日、敵艦上機の攻撃により撃沈されたことが戦後、明らかになる）。無事に往復の任務を達成したのは、もっとも旧式の伊八潜ただ一隻のみだった。

だが、伊八潜が回航員を運んだUボート「さつき二号」こと呂五百一潜は、昭和十九年三月三十日、キール軍港を出港したものの、五月十四日、敵艦艇の爆雷攻撃で撃沈され、乗田艦長以下、桑島さんと一緒にパリ見物をした乗組員全員が戦死している。呂五百一潜にさきがけて、ドイツ海軍の手で日本に回航されたUボート（U－511）「さつき一号」呂五百潜は、昭和十八年五月、ロリアン軍港を出港、九十日間の航海ののち、八月七日、呉軍港に無事到着し、その後日本海軍に引き渡されたが、終戦後の昭和二十一（一九四六）年四月三十日、若狭湾で、米軍により海没処分にされた。平成三十年七月、若狭湾の海底に眠る呂五百潜が発見されたとのニュースは、記憶に新しい。

訪独を果たした伊八潜は、その後、ふたたびインド洋に出動。通商破壊戦で戦果を挙げたが、昭和二十（一九四五）年三月三十日、沖縄沖で敵駆逐艦二隻による爆雷攻撃を受け、損傷を受け潜航が続けられなくなり、翌朝、浮上決戦を挑んだところで、奮戦むなしく撃沈された。内野大佐から二代あとの艦長・篠原茂夫少佐以下、百二十八名の乗組員が艦と運命をともにした。海に放り出されて人事不省で米軍に救助された唯一の生存者である砲員・向井隆昌二等兵曹の手記によると、二隻の敵艦からの烈しい砲撃を受けながらも、ドイツで装備して持ち帰った四連装二十ミリ機銃がいち早く反撃を始め、最後の瞬間まで敵艦に向け火を噴いていたという。

——戦時下のパリで屈託のない笑顔を見せていた日本海軍の若い将兵。Uボート（呂五百一潜）の回航員は全員、生きて再び祖国に還ることはなく、無事に帰還した伊八潜の乗組員も、大半がその後の戦いで戦死した。

連合軍が制空権、制海権を握る大西洋を航破して、伊八潜がヨーロッパへの往復に成功したことは壮挙と言っていい。だが、伊八潜以外の四隻の遣独艦はすべて失敗に終わり、ドイツから譲渡されたUボートの乗組員も併せて四百名近くの戦死者を出している。

遣独潜水艦の犠牲の多さを思えば、協同作戦はおろか、戦時下の連絡、交通にこれほど不自由をきたすような同盟関係に、いったいなんの意味があったのだろうかと疑問を抱かざるを得ない。

そもそもなぜ、国内でも反対論の多かった日独伊三国同盟を、米英との対立が尖鋭化するリスクをとってまで締結したのか。ヨーロッパで第二次世界大戦がはじまり、ドイツ快進撃の報に沸き起こった「バスに乗り遅れるな」との熱狂的な世論にも後押しされて締結された日独伊三国同盟。

日本がそこへ至った経緯は、生きた国際情勢をどう読み、どう動くべきかを判断する上で、いまもなお、多くの示唆を含んでいるように思える。

進むべき道を見誤まった一時の「世論の高まり」や、政治判断の最初の犠牲になるのは、つねに現場の若者たちなのだ。

桑島齊三中尉（のち大尉）。昭和16年、戦艦「長門」艦上で

ドイツ海軍の機雷原突破船に護衛されてブレストに入港する伊八潜

昭和18年8月31日、伊八潜はブレストに入港。右手に見えるブンカー（潜水艦用防空防禦係留地）に、まさに入ろうとするところ

ブンカー内に係留を終えると、ドイツ海軍のクランケ大将が来訪し、内野艦長と固い握手を交わした

艦を降り、花束を手にブンカーの階段をのぼる内野艦長以下、伊八潜乗組員たち

ブレスト潜水隊司令・ウインター中佐と内野艦長

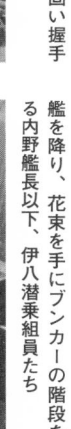

伊八潜乗組員の歓迎式。艦に数名の当直を残して、全員がこの式に臨んだ

シャトーヌフでの日独親善交歓会

パリ・エッフェル塔をバックに。軍服姿左から2人めが桑島中尉。写っているのは電波兵器講習員と、呂五百一潜（Uボート）回航員で、このうちのほとんどは昭和19年、呂五百一潜とともに大西洋で戦死した

パリで子供と遊ぶ、伊八潜の乗組員と呂五百一潜の回航員

ドイツから譲渡された20ミリ四連装対空機銃は、伊八潜後甲板に据え付けられた。中央右寄り、双眼鏡をかけているのが内野艦長、その右の士官服（詰襟に襟章）が大竹砲術長。伊八潜には最後まで、この機銃が装備されていた

第五章　たった二日で三千人以上が戦死したマリアナ沖海戦の悲劇

わずか十分で味方機が全て撃墜された

「敵戦闘機・グラマンF6Fヘルキャットは、機銃弾が命中してもほとんど火を噴かない。ところが味方機は、ちょうど綿にガソリンをしめらせて火をつけたみたいにバーッと燃えて落ちてゆく。海面には撃墜された味方機の油紋がいたるところに広がり、炎を上げているのもある。悲惨という言葉ではとても言い尽せない。ああ、これがこの世の地獄だと思いました」

と、藤本速雄さん（旧姓池田。当時二飛曹、のち上飛曹）は回想する。

昭和十九（一九四四）年六月十九日、日米機動部隊が激突した「マリアナ沖海戦」に、藤本さんは、「大鳳」「瑞鶴」「翔鶴」の第一航空戦隊三隻の空母から発艦した第一次攻撃隊（零戦四十八機、彗星艦爆五十三機、天山艦攻二十七機、計百二十八機）零戦搭乗員の一員として「瑞鶴」を発艦、参加していた。

「それでもみんな突っ込んでいった。敵艦隊が、どれが空母か戦艦か判別がつかないぐらい遠いところに見えた。高角砲をバンバン撃っているから、あそこに艦隊がおるんだな、と。

零戦の一個小隊は四機で、私は真珠湾攻撃以来のベテラン・山本一郎少尉の三番機でした。空戦しながら、私がちょっと振り向いたら、四番機の田村雅夫飛長（飛行兵長）機がいなくて炎の塊がバーッと墜ちていくのが見えた。やられたな、と思っていると、次に二番機の花村雅之上飛曹機が撃墜されました。

グラマンが、息つく暇もなく上から攻撃してくる。十回か十五回、攻撃をしのいだと思われたとき、四機が上空から降ってきた。曳痕弾が私の機をかすめたから退避して、一瞬、一番機の山本少尉機との距離が離れた。ふたたび編隊を組もうと近づこうとしたところで、一番機が撃たれて火を噴いたんです。戦闘が始まって十分かそこらのことでした」（藤本さん）

昭和十六（一九四一）年十二月八日、日本陸軍によるマレー半島上陸、海軍によるハワイ・真珠湾攻撃に端を発する太平洋戦争は、はじめの半年こそ日本軍が破竹の進撃で占領区域を広げたが、翌昭和十七（一九四二）年六月五日、日米機動部隊が対決、日本側が空母四隻を失う大敗を喫したミッドウェー海戦を境に勢いが止まり、同年八月、アメリカとオーストラリアを遮断するために日本軍が飛行場を建設していたソロモン諸島ガダルカナル島に米軍が上陸したあたりから形勢が逆転していた。

昭和十八（一九四三）年二月、ガダルカナル島の日本軍撤退。同年半ばになると米軍は一大反攻に転じ、日本軍が占領していた太平洋の島々を次々と攻め落としていく。日本の大本営発表を通じ、「玉砕」という名の全滅がしばしば報じられるようになるのはこの頃からである。

昭和十九（一九四四）年二月十七、十八日には、日本の委任統治領で聯合艦隊の一大拠点であったトラック島（現・チューク諸島）が米機動部隊による大空襲を受け壊滅。司令部が後退した先のパラオも、三月三十日、三十一日の空襲で大きな打撃を受けた。

もし、米軍がこのまま侵攻を続け、サイパン、テニアンをはじめとするマリアナ諸島が敵手に落ちたら、日本本土の大部分が、アメリカが新たに開発した大型爆撃機・ボーイングB－29の行動圏内に入ってしまう。そうなれば、戦いはもはや詰んだも同然である。マリアナ諸島は、日本にとって何が何でも守らなければならない、最後の防衛ラインと考えられていたのだ。

戦況を自軍に都合よくとらえた、独善的な作戦

聯合艦隊は、空母「大鳳」「瑞鶴」「翔鶴」「隼鷹」「飛鷹」「龍鳳」「千歳」「千代田」「瑞鳳」の九隻を基幹とする第一機動艦隊（機動部隊。司令長官・小澤治三郎中将）を編成し、これと基地航空部隊である第一航空艦隊（一航艦）とで、米機動部隊と中部太平洋上で本格的な決戦を行い、退勢を一挙に挽回しようと画策した。この作戦は「あ」号作戦と呼ばれる。

掛け声こそ勇ましいが、機動部隊も一航艦も、その実態は心もとないものだった。

一航艦は、二月のトラック空襲以来の米機動部隊との戦闘で戦力を消耗し、飛行機は配備予定の三分の一にも満たない五百三十機しか揃っていない。しかもベテラン搭乗員の多くをすでに失い、補充された搭乗員の多くは、練習航空隊を出て短期間の訓練を受けただけの初心者だった。

機動部隊も、似たような状況である。「大鳳」「瑞鶴」「翔鶴」からなる第一航空戦隊（一航戦）に搭載される第六〇一海軍航空隊（六〇一空）は、早い時期から猛訓練を重ねて開戦時に劣らない技《ぎ》倆《りょう》をもつ搭乗員を揃えていたものの、「隼鷹」「飛鷹」「龍鳳」の第二航空戦隊（二航戦）の六五二

空、「千歳」「千代田」「瑞鳳」の第三航空戦隊（三航戦）の六五三空の練度には不安があった。

六五三空飛行長として「千歳」に乗艦していた進藤三郎少佐は、

「六五三空の零戦隊は、飛行隊長・中川健二大尉をのぞく士官搭乗員十名全員が、飛行学生卒業後半年未満で実戦経験がありません。新人搭乗員に着艦訓練をさせるたびに、寿命が縮む思いをしました。五月中旬、燃料を求めて産油地に近いタウイタウイ泊地（ボルネオ島東北端）に集結し、機動部隊の合同訓練を実施する予定だったのが、無風状態が続いて飛行機を発艦させるために必要な風力が得られず、泊地の外では米軍の潜水艦が出没していることもあって、満足な訓練ができなかったんです」

と回想する。海戦前の訓練期間中に、事故で失われた搭乗員は、防衛庁防衛研修所戦史部編纂『戦史叢書 マリアナ沖海戦』によると六十六名に達していた。

「あ」号作戦では、日本機の長い航続力を生かして敵艦上機の攻撃圏外から攻撃隊を発進させる「アウトレンジ戦法」をとることになっていたが、肝心の搭乗員の練度がこれでは、そう都合よく戦いが運べるはずがない。聯合艦隊司令部が策定した「『あ』号作戦要領」には、

〈決戦ニ於テ敵ニ痛撃ヲ與フルヤ機ヲ逸セズ追撃戦ニ移行シ〉

との一文があるが、あまりに戦況を自軍に都合よくとらえた、独善的な作戦だったというほかない。

負けたのを搭乗員の技倆のせいにするのは、司令部の責任逃れ

マリアナ諸島沖で日米機動部隊が激突したのは、六月十九日のことである。すでに六月十五日、米軍の大部隊がサイパン島に上陸している。日本の機動部隊は、グアム島西方三百浬（約五百五十六キ

ロ）の位置にあって、六月十九日未明から四十四機の索敵機を出し、その「敵機動部隊発見」の報告をもとに次々と攻撃隊を発艦させた。

参加兵力は、日本側の空母九隻、艦上機四百三十九機に対して、米機動部隊は空母十五隻、艦上機九百二機と、約二倍の開きがある。

進藤少佐の第三航空戦隊からは、零戦十四機、爆戦（零戦に爆弾を搭載したもの）四十三機、天山艦攻（雷撃＝魚雷攻撃）七機の計六十四機が発進した。攻撃隊は目標の敵機動部隊に辿《たど》りつく前に、待ち構えていたグラマンF６Fの奇襲を受け、かろうじてそれを突破した機も、敵機動部隊上空で恐るべき威力を持つVT信管（近接自動信管。砲弾が目標の一定距離内に達すると、電波信管が作動し自動的に砲弾を炸裂させる）を装備した対空砲火で次々と撃墜された。零戦八機、爆戦三十一機、天山二機の計四十一機が未帰還となり、戦果は、敵戦艦、巡洋艦に各一発の爆弾を命中させたほかは、F６Fを一機撃墜しただけだった。

「要するにあのときには敵のレーダーや無線が非常に発達していて、こちらの攻撃隊の動きが、逐一グラマンに伝えられていた。敵機動部隊の五十浬《カイリ》（約九十三キロ）ぐらい手前に網を張られていて、そこでやられてる。VT信管のことは当時はわからなかったけど、未帰還機のあまりの多さに愕然としましたよ。情けないとも悔しいとも、なんとも言えない気持ちでした」（進藤さん）

三航戦の攻撃隊に続き、一航戦、二航戦の放った攻撃隊も、似たような経過をたどった。先制攻撃をかけながら、四百五十機ものグラマンF６Fによる邀撃と有効な対空砲火を受け、攻撃隊のほとんどが撃墜され、それに対し得られた戦果はわずかであった。一航戦の攻撃隊が、前衛の位置にいた三航戦上空を通過するさい、米軍機と誤認されて対空砲火を浴び、味方撃ちで三機を失うという、予期せぬ悲劇もあった。

藤本速雄さんは言う。

「零戦のエンジンは千百馬力、グラマンF６Fは二千馬力。スピードも違う、防弾装備も違う。グラマンの十二・七ミリ機銃は弾道直進性がよく、遠くから撃たれても命中しやすい。性能ではとても太刀打ちできない。それが四百五十機、日本の空母九隻の全搭載機より多いんですよ。

それからアウトレンジ戦法と言うけどね、たった四十八機の零戦で八十機の攻撃隊を護衛して、四百浬（約七百四十キロ）も操縦していって、これだけのグラマンが来て、どうやって戦えますか。例えて言うなら、長距離を走ってきた一人の小学生を、高校生三人ぐらいがつかまえて叩くようなもので、技倆以前の問題です。どんなに腕のいい搭乗員でも、これでは生きて帰るのが不思議なぐらいで、上手とか下手とかの次元じゃない。技倆云々を言うのなら、それをまず頭に入れてからにしてほしい。負けたのを搭乗員の技倆のせいにするのは、司令部の責任逃れだと思うんです」

所属する小隊四機のうち三機が撃墜され、ほかの味方機ともはぐれて単機になってしまった藤本さんは、クルシー（無線帰投装置。空母が発する電波の方向を航路計の針が示す）がキャッチした電波を頼りに引き返し、空母「千代田」に着艦した。目標物が何もない海の上を何時間も飛行し、戦闘までして、一人でふたたび洋上の一点に過ぎない空母に帰りつくのは、想像以上に困難なことだった。空母は高速で航行していて、発艦時とは位置が大きく離れているからなおさらである。

「空戦中は気がつかなかったけど、着艦して機体を調べてみたら、被弾が六発ありました。そしたら艦長・城英一郎大佐が私のところへ飛んできて、どんな状況だったかって聞くんですよ。『千代田』から発進した爆戦隊は一機も還ってないらしい。それを艦長が心配してね……。全部やられたんでしょうが。

翌日（六月二十日）、『千代田』の零戦二機と私の三機で上空を哨戒して、二時間半ほど飛んで『瑞鶴』に戻ったら、近くにいるはずの『大鳳』『翔鶴』の姿が見えない。おかしいな、と思ったら、二隻とも、敵潜水艦の魚雷にやられてすでに沈んでたんです。『瑞鶴』も、搭乗員室はガランとしていて誰もおらん。還ってきたのがほとんどいなかったから」

二日間の空戦中、四隻の空母を渡り歩いた戦闘機乗り

六月十九日、第二航空戦隊の空母「飛鷹」から零戦に搭乗し、発進した香取穎男大尉は、

「最初、ぼくらは一航戦と同じ目標に向かうことになっていましたが、途中で、新たに発見された敵に向かえ、ということになった。ところが索敵機の報告した位置に誤りがあって、敵にとりつくことができなかったんです」

と回想している。

二航戦の攻撃隊は、敵艦隊を発見できないままにグラマンF6Fの襲撃を受け、七機を撃墜された。香取さんは、クルシーの電波を捉えて無事、空母「大鳳」に着艦している。ところが――。

「『大鳳』は、上空からは無傷に見えたんですが、攻撃隊が発艦した直後に敵潜水艦の魚雷一本が命中していたらしい。ぼくが艦橋に上がって、そこにいた六〇一空司令・入佐俊家中佐に状況を報告し

ようとしたとき、ドーンとものすごい爆発が起きた。目の前が真っ赤になって、あとのことは記憶にない。叩きつけられて気絶してたんでしょうね。目の前にいた入佐中佐はこのとき戦死しました。気がつくと『大鳳』は沈もうとしていて、ぼくは海に飛び込んで三時間漂流したのち、駆逐艦に救助されました。拾われてから調べたら、着ていたライフジャケットの背中が黒く焼け焦げ、ズタズタに裂けていました」

「大鳳」は、防御に重点を置いた日本海軍の最新鋭空母で、魚雷命中そのものによる被害は小さかったが、衝撃でガソリンタンクに亀裂が生じ、漏れ出た揮発性のガスが艦内に充満、大爆発を起こしたと推定されている。香取さんはその夜のうちに、駆逐艦から空母「瑞鶴」に移乗した。米機動部隊が日本機動部隊を発見、攻撃をかけてきたのは翌六月二十日夕刻のことである。香取さんの回想。

「列機二機を引き連れて『瑞鶴』を発艦した。敵機を見つけたのは、ちょうど、カーチスSB2Cヘルダイバー（艦爆＝急降下爆撃機）が編隊を解いて爆撃態勢に入るときでした。その上空には護衛のグラマンF6Fがいましたが、とにかく、爆撃の照準を狂わせないといけない。ぼくは敵艦爆の一番機が急降下に入る真横から二十ミリ機銃をぶっ放した。すると敵機がグラリと揺れたから、あの爆弾は命中しなかったと思う。それから、雷撃機のグラマンTBFアベンジャーが、魚雷発射を終えて低空を離脱するのに出くわして、後ろに食いついて撃つと、敵機は水しぶきを上げて海面に突っ込んだ。次はF6F。もうだいぶ暗くなりかけた時刻で、たぶんぼくに気づかずにスーッと前を通り過ぎようとした。すかさず撃ったら、こいつも海へ突っ込みました」

しかし、邀撃した香取さんたち零戦隊の戦いもむなしく、この米軍機の攻撃で空母「飛鷹」が撃沈され、「瑞鶴」「隼鷹」が被弾するなどの損害を被っている。香取さんは、夕闇で零戦を敵機と誤認した重巡洋艦「最上」から主砲（二十センチ砲六門）の対空射撃を受け、命からがら、無傷で航行していた空母「龍鳳」に着艦した。二日間で、「飛鷹」「大鳳」「瑞鶴」「龍鳳」と四隻の空母を渡り歩いたことになる。

藤本速雄さんは、「瑞鶴」艦上で敵機の空襲を受けた。

「私は、十九日も二十日の午前も飛んだから、二十日の午後は飛ばなくていいと言われ、艦橋近くの対空機銃のところで敵味方の識別をして機銃員に指示を出す役をしてたんです。そしたら、急降下してきたアメリカの艦爆が投下した爆弾が、ビューッと「瑞鶴」の方に落ちてきた。あ、当たると思ってバッと伏せたら、右後方の高角砲のところにドーンと当たった。そこにいた二〜三十人が吹っ飛びましたよ、いっぺんに」

すばらしい若者たちが次から次へと死んで行く

二日間におよぶ戦いが終わったとき、日本機動部隊には六十一機の飛行機しか残っていなかった。米軍は六隻が損傷したものの喪失艦艇はなく、飛行機の損失は、戦闘によるもの四十三機、事故や不時着によるもの八十七機。戦死者は約百十名。対する日本側は空母三隻と油槽船二隻が沈没、損傷六隻。基地航空部隊も合わせて四百七十機以上の飛行機と搭乗員を失い、戦死者総数は三千名を超える記録的大敗だった。この日米機動部隊の戦いを「マリアナ沖海戦」と呼ぶ。

勢いに乗る米機動部隊は、日本本土からマリアナ諸島への増援を遮断するため、中間に位置する小笠原諸島の硫黄島に猛襲をかけ、六月二十四日、七月三日、四日の三度の空戦で日本軍航空部隊を壊滅させた。ちょうど梅雨の時期で、本州南岸に停滞する梅雨前線に阻まれた事情もあるとはいえ、日本側は戦力を逐次、小出しに投入しては、各個に撃破される悪循環をいたずらに繰り返した。これは、二年前のガダルカナル戦の失敗と何ら変わることのない、日本軍の悪弊だった。米軍を凌駕する戦力を一度に揃えられないのは、日本の国力の限界だったと言っていい。そもそも、アメリカの物量を相手に、はなから勝てる見込みのない戦争だったのだ。

米軍はサイパン島に続き、グアム島、テニアン島にも上陸、いずれの島も多くの戦死者や犠牲者を出して陥落した。やがてサイパン、テニアンの飛行場から発進したB－29が日本本土に大規模な空襲を繰り返し、都市を次々と焼き尽くしてゆく。マリアナ沖海戦の大敗は、まさに日本の敗戦を決定づける出来事だった。

「『瑞鶴』の搭乗員室で、戦死した戦友の遺品を整理して並べながら、悔しいとも何とも、そのときの気持ちはとても言葉では表せない。私らは、ただ行けって命じられて行っただけですが……。惜しい人たちを大勢亡くしたと思いますね。体格はいい、頭はいい、器量はいい、世のなかにはこんな人もおるのかな、と思うようなすばらしい若者たちが次から次へと死んでいって、それがいまでも残念です。戦後も、一日たりとも思い出さなかったことはない。あの人たちが生き残っていたら、どんなにか日本は変わっただろうと思うんですよ」

と、藤本速雄さんは言う。これは、戦って生還した全ての人たちに共通する思いであるに違いない。

私が取材を通じて知り合った遺族のなかに、富樫ヨコさんがいる。富樫さんの夫は、マリアナ沖海戦で戦死した艦上爆撃機の搭乗員・高橋寅八少尉。昭和八（一九三三）年に予科練に入隊した歴戦の艦爆乗りである。高橋少尉は、一航戦の第一次攻撃隊の彗星艦爆小隊長として出撃、戦死した。ともに出撃した彗星のほとんどが未帰還となり、高橋機の最期の状況はわからない。

富樫さんは、マリアナ沖海戦のちょうどその日、家の玄関の前で、白い第二種軍装姿の夫の姿を確かに見たと言う。

「信じてもらえないでしょうけど、突然だったから『あ、帰って来たの？』って声をかけたら姿が見えなくなって……」

二十一歳で夫を亡くし、以来七十余年、ずっと独りで生きてきた。結婚生活はわずかな期間だったが、夫への思いは褪せることなく、夫を語るときの表情は、まるで少女のようにみずみずしい。

「鹿屋基地に面会に行ったとき、帰りに隊門のところでずっと手を振ってくれた姿が瞼に残っていますもの。戦後、再婚を勧めてくれる人もいましたが、私のなかでは、主人はあのときのまま生きてるんですもの。マリアナ沖で戦死したと聞かされて、海に墜ちてお魚に食べられちゃったのかな、と思うこともありますけど……」

……「マリアナの七面鳥撃ち」という言葉がある。マリアナ沖海戦で、あまりに多くの日本機が撃墜されたことを揶揄《やゆ》して米軍が名づけた、日本人にとって屈辱的なスラングである。実際に使われた言葉であることは仕方がないが、いま、その言葉を、日本のメディアがマリアナ沖海戦の代名詞のごとく使うことには強い違和感を覚える。

生き残った搭乗員にじかに話を聞き、遺族と接してみれば、そんな言葉は、たとえ比喩的表現だとしても使う気にならない。

「戦争の悲劇をけっして忘れてはならない」「二度と繰り返してはいけない」と、誰もが言う。ならば、忘れてはならない、繰り返してはいけない「悲劇」の中身がどんなものなのか、よく知るための努力は必要だろう。撃墜されたのは鳥などではなく、それぞれが感情をもち、家族もある生身の人間である。当事者や遺族の心情を少しでも理解しようとする優しさがあれば、「七面鳥撃ち」などという無神経な言葉を、日本人がわざわざ使うこともなくなってゆくのではないか。

戦後、日本は奇跡的な復興を遂げ、そんな戦後の復興すら、いまや歴史上の出来事になりつつある。だが、街や経済は復興しても、いまだ戦争の記憶を胸に生きている人は、高齢となっても少なからずいる。蛇足を承知であえて付け加えるなら、政治家が酔った勢いで是非を論じられるほど、「戦争」は軽いものではないのだ。

昭和19年6月18日、マリアナ沖海戦前日に「瑞鶴」飛行甲板で。前列右から、藤本速雄さん、花村雅之上飛曹、田村雅夫飛長。椅子に座っているのは小隊長・山本一郎少尉。藤本さん以外の3名は、翌日の戦いで戦死した

藤本さんが乗組んだ空母「瑞鶴」

空母「千歳」艦上の零戦五二型

空母「千歳」飛行甲板で、出撃を目前に控えた、第三航空戦隊・第六五三海軍航空隊の隊員たち。2列め中央が進藤三郎少佐。ここに写っている若い搭乗員のほとんどがマリアナ沖海戦で戦死した

日本機に立ちはだかった米海軍の主力戦闘機・グラマンF6Fヘルキャット

マリアナ沖海戦で、米艦隊の対空砲火に撃墜される日本機

日本海軍の空母「大鳳」。飛行甲板に装甲を施した新鋭艦だったが、たった一本の魚雷のために誘爆を起こして沈んだ

空母「飛鷹」を発艦し、２日で４隻の空母を渡り歩いた零戦搭乗員・香取穎男大尉。戦後、海上自衛隊に入り、アメリカから貸与されたかつての宿敵・アベンジャーの操縦桿を握ることになる（右写真撮影／神立尚紀）

富樫ヨコさん（右端）。夫・高橋寅八少尉をマリアナ沖海戦で亡くした。夫の親友だった元零戦搭乗員・原田要さん夫妻と、ハワイ・真珠湾で（撮影／神立尚紀）

第六章　生存者が語る日本軍捕虜千百人「決死の蜂起」その壮絶な記憶

バットや食事用のナイフを手に蜂起した日本人捕虜たち

冴え冴えと晴れた満月の夜空に、ときならぬ突撃ラッパが鳴り響いた。オーストラリア東南部のニュー・サウス・ウェールズ州、シドニーの西方約三百キロに位置するカウラ・第十二捕虜収容所Bキャンプ。南半球では真冬の、昭和十九（一九四四）年八月五日未明のことである。

赤い囚人服を着た約千百名の日本人捕虜たちは、施設に一斉に火を放ち、手には思い思いに野球のバットや食事用のナイフを持って、雄叫びを上げながら、三重にめぐらされた鉄条網を、赤い川の流れのように乗り越えていった。オーストラリア軍の機関銃が火を噴き、赤や黄色の曳光弾が横殴りに激しく飛び交う。捕虜たちはバタバタと斃《たお》れ、屍《しかばね》の山を築いてゆく。

……太平洋戦争の裏面史を飾る出来事として知られる「カウラ暴動」。高原希國《たかはらまれくに》さんは、偽名の船員・高田一郎として、そのなかに加わっていた。

高原さんは大正九（一九二〇）年、兵庫県姫路市に生まれた。兵庫県立神戸第二中学校では三塁手として野球部の主将をつとめ、のちに東京巨人軍のエースとなる京都商業学校の沢村栄治とも対戦したことがある。大西洋単独無着陸飛行を成し遂げたチャールズ・リンドバーグに憧れて飛行機乗りを志し、昭和十三（一九三八）年、海軍甲種飛行予科練習生に二期生として入隊、偵察員としての教程を経て、飛行艇搭乗員となった。

昭和十五（一九四〇）年十月十一日、艦艇九十八隻、航空機五百二十七機をもって横浜沖で挙行された「紀元二千六百年特別記念観艦式」の際には、九七式飛行艇（九七大艇）の一番機に電信員として搭乗、大艦隊の上空を先頭に立って飛ぶという経験をしている。

開戦時は、九七大艇で編成された東港《とうこう》海軍航空隊の一員（一等飛行兵曹）として、前進基地のパラオ島にあり、偵察飛行などに任じたが、日本軍の緒戦における破竹の進撃にともない、ダバオ（フィリピン）、ケマ（セレベス島北部）、アンボンと転戦。その間、昭和十六（一九四一）年の大晦日には、日本海軍ではそれが唯一の例となる、大型飛行艇による敵水上機母艦雷撃（魚雷攻撃）に出撃するなど、幾度かの死線をくぐり抜けていた。

「雷撃というのは、あんなに怖いものはないですよ。飛行艇三機に魚雷を二本ずつ搭載して、三方から海面すれすれを敵艦めがけて突っ込みました。私は銃座で、二十ミリ機銃を敵艦めがけて撃っていましたが、こちらの曳痕弾と敵艦からの対空砲火が交錯して、それは凄かった。一番機は敵弾を受けて、私らの目の前で爆発しました。魚雷？　……そんなもん、当たれへんがな」

昭和十七（一九四二）年二月十五日、電信員として搭乗していた九七大艇が、オーストラリア北方のアラフラ海を単機で索敵飛行中、巡洋艦一隻、駆逐艦三隻、輸送船三隻からなる敵輸送船団を発見。約二時間の触接ののち、積んでいた八発の六十キロ爆弾で爆撃を敢行したが、その直後、敵戦闘機カーチスP－40と遭遇、高原さんが尾部銃座から放った機銃弾で撃墜したものの、自機も被弾、炎上し、海面に墜落した。

「手応えがあって、敵機が白い煙を吐いて墜ちてゆくから、勝った！　と思ったのもつかの間、後ろを振り返ったら自分の飛行機も燃えてる。操縦席からブザーG（モールス符号で——・）三声で、自爆の合図がきた。墜落しながら、炎がまるで大蛇の舌のように、最後尾にいる私の尻に迫ってきました」

機長の主操縦員は機上で戦死、副操縦員が最後の力をふり絞って海面近くで機首を立て直したおかげで急角度での激突は免れ、不時着に近い状態で着水、八名の搭乗員のうち六名は脱出に成功し、搭載していた小さなゴムボートで漂流を始める。灼熱の太陽の下、水も食糧もなく、重傷を負っていた一名は三日めに死亡、残った五名は五日めにようやく、ダーウィン近くのバサースト島に漂着した。

そしてさらに、人跡未踏のマングローブの森やジャングルのなかをあてどもなく彷徨い歩き続けること十日間。飢えと疲労で半死半生でいるところを現地人に助けられ、安心して眠りに落ちたが、目が覚めると豪州兵の銃剣に囲まれていて、抵抗すらできずに、開戦以来二番めの、オーストラリア軍の捕虜となった。ちなみに第一号は、のちにカウラで捕虜の団長になった「南忠男兵曹」である（彼が、二月十九日、機動部隊のダーウィン空襲の際に戦死とされた豊島一《としまはじめ》一等飛行兵であることは、戦後明らかになる。階級も一飛曹と偽称していた）。

目隠しをされ後ろ手に縛られたまま、五人は輸送機に乗せられ、どこともわからない監獄に収容された。

「『生きて虜囚の辱めを受けず』という戦陣訓は、陸軍内部にのみ達せられたもので、海軍では読んだことも教わったこともありませんでしたが、日本人の道徳律として、そう考えるのが自然な時代やった。五人は示し合わせて、米潜水艦に撃沈されたトロール船の船員ということにして、それぞれ偽名で呼び合うようになりました。私は、『船員・高田一郎』として、軍人としての痕跡を残さずに死んでいこう、そう決意することが、捕虜になったいまいましい我が身を救う唯一の道と考えて、訊問に臨みました」

五人は、豪州軍の取調べに対して、徹底的に抵抗した。ある者は何を聞かれても「ハングリー」で通し、またある者は読み書きができない風を装った。取調官もついにさじを投げ、彼らに対する訊問を打ち切った。

目的はただ一つ「軍人らしく、戦って死ぬ」

オーストラリア軍は、彼らに過酷なことも要求しなければ、制裁を加えることもなく、きわめて人道的に扱った。高原さんら偽船員たちは、はじめの半年はシドニーの西方約七百キロのヘイという小さな町に設けられた収容所で、拘留されている約七〜八百名の在留邦人らとともに過ごしたが、そこの団長以外には軍人であることを隠し続けた。在留邦人は商社や銀行の関係者が多く、若い高原さんたちに勉強することを勧め、面倒をよく見てくれたという。

捕虜に課せられた労働は一日八時間で、その内容も、道路の補修作業や、柵を作ったり牛馬の糞を集めたり、薪集めをしたりと、簡単なことばかりだった。労働に対しては、一日八ペンスの報酬が支払われる。収容所外での作業のときには、地元住民がお茶とケーキでもてなしてくれることもあった。野山で野生のコアラやカンガルーの姿を目にすることもしばしばだった。

戦況の悪化にともない、「日本軍に捕虜はない」との建前にかかわらず、前線からは続々と日本人捕虜が送られてきた。ヘイの収容所は手狭となり、高原さんたちは、ヘイから数百キロ離れたところにあるカウラ第十二捕虜収容所（キャンプ）に移送された。

ここはもともと、ヨーロッパ戦線のドイツ、イタリア人捕虜を収容するために造られた施設で、直径六百八十メートルの大きな十二角形の敷地をA、B、C、Dの四つのエリアに区切り、昭和十八（一九四三）年末頃には、Aはイタリア人、Bは日本人、Cはドイツ人、Dは日本人将校と台湾人、朝鮮人の捕虜が、それぞれ収容されていた。そこには、水道設備も食堂、炊事場などの設備も整っていて、便所も戸外ながら水洗式、水と湯の出るシャワーもあった。キャンプの外には病院もあり、通院することもできた。

「ドイツ人は服装、規律がキチっとしていて、毎日、朝は起床ラッパで起き、行軍などの訓練をやってる。夜も消灯ラッパで寝る。いっぽう、イタリア人は、捕虜の屈辱など微塵も感じていないようで、みんな陽気で、毎日、ギターやマンドリンを弾いて歌ってる。あれは戦争に弱いはずやと思いました。農園への労働にも喜んで出て、農家の奥さんや娘さんと恋仲になったりね。しかし、日本人は、自分のことは一生懸命やるけど、労働に出るのを拒否したり、出てもだらしない格好をして、わざと作物を枯らしたり、アホなことばかりやりよる。『ドイツ兵は銃を持って生まれてきた。イタリア人はマンドリンを抱えて生まれてきた。日本人はわけがわからん』と、豪州軍の将校にも言われていました」

捕虜の人数が増えるにしたがい、そこには「捕虜文化」とでも呼ぶべき独自の、不思議な文化が育っていった。捕虜のなかにはさまざまな前職の者がいるので、たいていのものは、ありあわせの材料で、自分たちで作ってしまう。

手製の花札や、木片と羊の骨を使った麻雀牌、碁石、将棋の駒。支給された煙草を金銭代わりに、勝負事に熱中して鬱憤《うっぷん》を晴らす。手製の硬球やバット、グローブで野球もする。グラウンドに白線を引くのに石灰ではなくメリケン粉を使うほど、物資は豊富である。演芸会もたびたび催されたが、そこで使われる楽器も手製で、隣のイタリア兵捕虜キャンプから借りてきたマンドリンやバイオリンをもとに、図面を起こして作ったものである。弦には蠅除けのネットをばらして使い、弓には、食糧運搬に使われる馬の尻尾の毛を失敬する。宿舎の周囲にはきれいな花を咲かせ、畑を耕して野菜を育てる。酒は禁じられていたが、米や医薬品のアルコールをもとに密造する。

「それでも君は日本人?」と問いただした強硬派

——一見、何不自由のない生活。しかしそこでは、互いに過去と出身を尋ね合わない不文律が守られていた。一緒に暮らす日本人同士でありながら、互いの正体については何も知らない。捕虜の多くは偽名で、近藤勇や長谷川一夫を名乗る者もいた。

「厚遇を与えられれば与えられるほど、より精神的な呵責《かしゃく》に苛《さいな》まれる。また同時に、生きるということが貴重で有意義にも思えてきます。死を望みながらも、現実の日々の苦悩を克服することができない。率直に言えば、命が惜しくなってくる。捕虜になった私たちは、おそらく日本に帰れることはあるまい。そのくせ、内地の家族や友人のことが気になって眠れないことがある。豪州軍に処刑されないのなら、いつかは自らの手で自分たちの始末をつけなければと考えながら、それも実行に移せないままに、人数が増えるにしたがい、海軍と陸軍の主導権争いが起こるようにもなってきました」

はじめ、キャンプの捕虜の団長、副団長はともに海軍の出身者だったが、圧倒的に数の多い陸軍側の不満がつのり、団長の南兵曹は選挙の実施に同意せざるを得なくなった。選挙の結果、陸軍の下士官が団長、副団長に就任したが、実権は依然として、南兵曹ら、英語が話せて豪州軍との交渉ができる者の手に握られていた。数によって無理やり主導権を握る立場についた陸軍の一部勢力は、ことさらに戦陣訓や軍人精神を持ち出しては、自分たちの権威を示そうとした。

戦況は、毎日、事務室に配られる「モーニングヘラルド」と「ザ・サン」の二紙の新聞を通して知ることができる。サイパン島も敵手に落ち、収容所内の一部の捕虜の間では、この際、潔く死を選ぶべきだというムードがだんだん高まってきた。そんな折、昭和十九（一九四四）年八月四日午後、豪州軍より、日本人捕虜の分離、移動が伝えられたのだ。

カウラ捕虜収容所Bキャンプ（下士官兵キャンプ）の捕虜は、その時点で約千百名、二十一班に分かれる大所帯となっていた。豪州軍から示された移送者名簿が、下士官と兵を事実上分離させるものであったことと、語学力不足によるコミュニケーションのまずさから、下士官・兵を不可分のものと考える捕虜の一部強硬派が激高、班長会議で、二、三人の班長が、この機に一斉蜂起することを主張した。多くの者は慎重論の立場で、高原さんも、

「我々は、運命のいたずらでこんなに多くの人と暮らすようになっただけ。集合、離散はやむを得ない」

という考えだったが、

「強硬論を唱える人間に、『それでも君は日本人？　戦陣訓を知らんのか？』と問いただされると、戦陣訓は知らなくても『日本人か？』には弱い。捕虜になったとはいえ、自分も日本人だ、よし、負けてたまるか、という気になるんです」

班長会議は紛糾して収拾がつかなくなったので、全員の投票で意思を問うことになった。結果は、八割の者が蜂起に賛成票を投じた。賛成でなかった高原さんも、トイレットペーパーの投票用紙に賛成の○をつけた。

「だからそのへんはね、投票というのがいかに周りに煽《あお》られたり、声の大きい方、耳あたりのええ方に踊らされたりして、極端な方向に流されやすいかということです。いまも民主主義とは言っても、選挙には同じ危うさがつきまとうんやないでしょうか」

待遇に不満があったわけではない。脱走しても、広いオーストラリア大陸から逃げられるわけでもない。目的はただ一つ、「軍人らしく、戦って死ぬ」ことにあった。

今も残る二百三十一名の「偽名戦士」の墓標

そして、八月五日午前二時、捕虜たちは一斉に蜂起する。

「私の班は、正面ゲートを突破するグループでした。武器は何ひとつない。私は、野球のバット一本と毛布二枚を持って、突撃ラッパの合図とともに飛び出しました。鉄条網に毛布を掛けて乗り越えると、そこには豪州軍の機関銃、自動小銃の猛烈な射撃が待っていました」

捕虜のなかに「成田山」と呼ばれる、相撲が強く体の大きな陸軍の兵隊がいた。彼は猛射を浴びせる豪州兵の機関銃の前に仁王立ちになって、「撃て！」と叫んだ。機関銃が火を噴き、彼は「うーん」とうめき声を発して倒れた。しかし、しばらくするとまた立ち上がり、「撃てーッ！」と叫ぶ。そしてまたもや集中砲火を浴びて倒れる。そんなことを何度も繰り返し、身に数知れない銃弾を受けながらも、それらがことごとく急所を外れ、「成田山」は生き延び、その後も収容所で相撲を取り続けた。彼の本名を高原さんは知らない。

前団長の南兵曹（豊島一飛）は、操縦練習生になる前は信号兵だったので、軍隊ラッパの心得があった。彼は、突撃ラッパを吹き鳴らしたあと、銃弾を胸に受けて倒れ、自ら食事用のナイフで喉をかき切って絶命したと伝えられる。高原さんたちの次に豪州軍に捕えられた捕虜番号七番の台南海軍航空隊の零戦搭乗員・柿本円次二飛曹も、首を吊って自決した。

高原さんは、飛行艇の戦友・古川欣一二飛曹（偽名・山川清）が、脚を撃たれて目の前に倒れているのを見て、その最期を見届けようと伏せている間に銃撃が終わり、九死に一生を得た。周囲には三十名近くが伏せているように見えたが、高原さんと古川二飛曹以外は全員が死んでいた。

「私の尻のところで、神戸出身の土岐さんという陸軍の兵隊が心臓を射抜かれて、一発で即死しました。サーチライトで照らされて、動くと撃たれるから、死体の山の中で死んだふり。そら、怖かったですよ。霜が降りる真冬の寒さに震えながら小便も垂れ流しで、そのまま朝を迎えました」

この暴動で、日本人捕虜二百三十一名と豪州兵四名が死に、数百名が負傷した。一緒に捕えられた飛行艇の戦友・沖本治義一飛曹（偽名・伊野浩）も命を落とした。カウラの施設が焼け落ちたので、生き残った捕虜たちはヘイの収容所に移された。これだけの事件のあとにも、豪州軍の捕虜に対する扱いは変わらなかったという。ただ、食事時にナイフとフォークが支給されなくなったのが、小さな変化と言えた。

「私は英語が話せたので、暴動後は通訳をやらされましたが、豪州軍の将校が、『あなたたちとの戦争が終わったら、こんどはソ連と戦うことになるだろう。だから日本人の捕虜はそれまでの間のお客さんだ』と。いま思えば、ちゃんと先を見通してた。えらいもんやったなあ、と思います」

やがて、終戦。高原さんは、昭和二十一（一九四六）年四月三日、復員船で浦賀に上陸、二度と帰れるはずのなかった故国の土を踏んだ。捕虜となって四年あまり、軍人であった期間よりも長い捕虜生活だった。戦死の公報が出ていたので、自分の葬儀も四年前に済み、戒名までもらっていた。空襲で焦土と化した故郷を歩くうち、「高原の幽霊が神戸を徘徊している」という噂が立ったりもした。

役所で戸籍を回復し、戦死後の一等飛行兵曹から飛行兵曹長への進級も取り消されて、偽名の船員・高田一郎から本名に戻った高原さんは、もう一度生き直そうと、神戸市立外事専門学校（現・神戸市立外国語大学）で中国語を学ぶ。しかし、戦後の不況で就職口などなく、捕虜になった当初にヘイの収容所で一緒になった在留邦人の元銀行支店長を頼って、証券業界に身を投じた。

そして二十余年、死にもの狂いで働いて、昭和五十（一九七五）年には株式会社黒川証券（五十二年、黒川木徳証券となり、現在はあかつき証券株式会社）専務取締役になる。人に媚びない超然とした態度と金への執着心のなさがかえって客の信頼を集め、誰言うともなく「北浜の古武士」と呼ばれるようになっていた。日本セメントや同和鉱業、さらには金品位のきわめて高い鉱脈が発見された菱刈鉱山を所有する住友金属鉱山など、数々の仕手戦で勇名を馳せた「最後の相場師」、是銀こと是川銀蔵も、そんな高原さんに信頼を寄せた一人である。「是川はんには、私はブレーキばかりかけとった」と高原さんは回想するが、その大きな仕手戦の背後には、つねに高原さんの影があったと言われる。

高原さんはまた、豪州カウラ会会長として昭和五十九（一九八四）年、カウラ暴動四十周年にオーストラリア再訪を果たし、以来、平成二十一（二〇〇九）年七月、八十九歳で亡くなるまで、現地に幾度も足を運び、日本庭園や桜並木をつくる活動に協力するなど、日豪の親善と戦友たちの慰霊に力を尽くした。

「いまだに本名も身元もわからん人がようけおる。生きて帰っても名乗り出ん人、沈黙したままの人も多い。遺族でも、平和な世の中になってなお、捕虜になって死んだというのは恥ずかしいから、戦死の扱いのままにしてほしい、という方もおられるんです」

カウラの捕虜収容所は、いまはその面影を全くとどめず、ただ、二百三十一名の偽名戦士の墓標が立っている。

「これまでの人生、非常に辛かったけどね、甘んじて辛いことに耐えてきた。辛いことが嫌ではなかったし、それが私の取り柄やと思っています。しかし、いろんな大変な目に遭うても、それが人生において一つも無駄になってない。『人間万事塞翁が馬』や」

数々の壮絶な体験を肚に沈めた上で、それでも「面白い人生やったで」と、「古武士」は笑った。

昭和15年10月11日、横浜沖で挙行された観艦式で、上空を飛ぶ九七大艇の編隊。高原さんは先頭の一番機に搭乗していた

高原希國さん。昭和15年11月、佐世保海軍航空隊指揮所前にて

高原さんの愛機、九七式飛行艇（九七大艇）。川西航空機（現・新明和工業）が開発した大型の飛行艇で、太平洋戦争前期に活躍した

高原さんの乗機を撃墜した戦闘機・カーチスP-40

カウラキャンプの実質的なリーダーだった「南兵曹」こと豊島一一等飛行兵。蜂起のさいには突撃ラッパを吹き鳴らし、その後、死亡

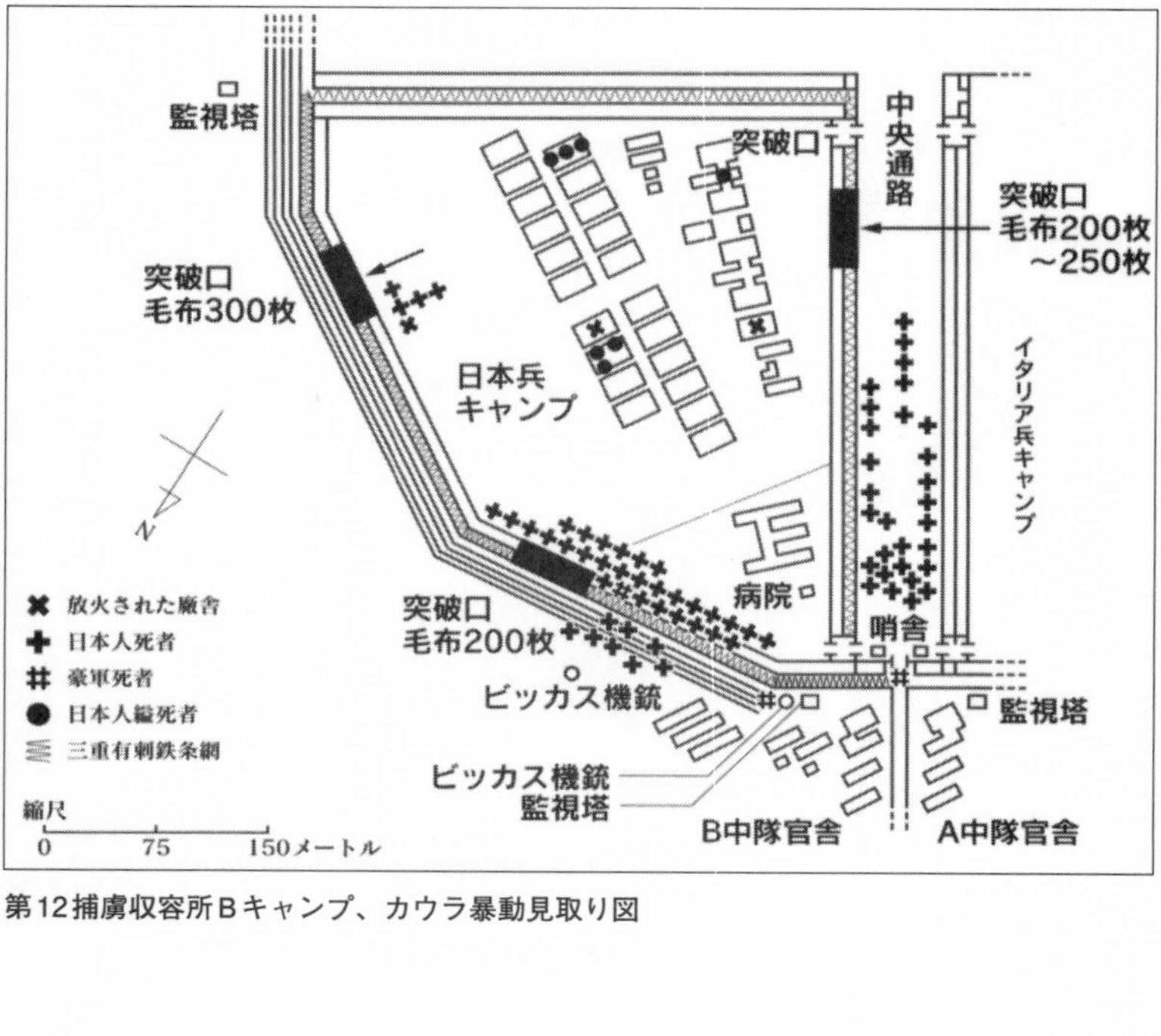

第12捕虜収容所Bキャンプ、カウラ暴動見取り図

昭和17年、神戸市の兵庫県護国神社で執り行われた戦死者の合同葬。「故海軍飛行兵曹長高原希國之霊」とある。並んでいるのは高原さんの「遺族」

高原希國さん。戦後は証券業界で名を馳せ、「北浜の古武士」の異名があった（撮影／神立尚紀）

第七章

「海軍の墜落王」は、レイテ島激戦の最中「自分不在の結婚式」を挙げた

兄弟の中の「戦死要員」として予科練を志願

ここに一枚の結婚式写真がある。

アルバムには〈昭和十九年十二月十六日、『平安神宮にて妻・道子（十九歳）と挙式』〉と記されているが、よく見ると、新郎が座る席には写真が置いてある。

ちょうどこの頃、新郎である大西貞明さん（当時海軍飛行兵曹長・二十二歳）は、零式観測機（零観／複葉二人乗りの水上観測機）に搭乗、フィリピン上空で、押し寄せる米軍機と血みどろの戦いを繰り広げていたのだ。

結婚式の同日同時刻、大西さんは敵戦闘機・グラマンF6Fに向かって、

「いま、俺の結婚式の最中である。グラマンよ、今日だけは俺を撃つな！」

と叫びながら戦っていたのだという。

大西さんは、昭和十三（一九三八）年十月一日、海軍甲種飛行予科練習生（甲飛）三期生として、横須賀海軍航空隊に入隊した。

「父が京都府議会議長や商工会議所の副会頭をしていて、身内から誰も戦死者が出ないと世間に顔向けができないからと、京都府立桃山中学校（現・桃山高校）五年一学期を修了したとき、兄弟のなかの『戦死要員』として甲飛を志願したんです」

と、大西さん。

「ところが、入ってみると、思っていたのと全然違う。海軍に騙《だま》されたと思いました」

「海軍に騙された」、ことの顚末はこうである。

海軍では、発達いちじるしい航空機の搭乗員を養成するため、「予科練習生」（予科練）と名づけた少年航空兵制度を導入、昭和五（一九三〇）年、その一期生が入隊した。受験資格は「高等小学校卒業程度以上の学力を有する者」とされたが、その人気はすさまじく、一期生の応募倍率は七十四倍におよび、海軍士官を養成する海軍兵学校の受験資格をもつ中学四年修了以上の志願者も多かった。

予科練習生は、一般の志願兵よりも進級が早く、飛行練習生を経て短期間で下士官に進級できたが、昭和十一（一九三六）年一月、日本が各国の海軍軍備の枠組みを定めたロンドン海軍軍縮条約を脱退、同年末、ワシントン海軍軍縮条約が失効、無条約時代に突入すると、海軍はより急速な航空軍備拡充のため、新たに「甲種飛行予科練習生制度」を発足させた。

「甲飛」の受験資格は、当初、中学四年一学期修了程度とし、従来の予科練よりもさらに進級を早め、短期間で下士官、准士官を経て特務士官（兵から累進した士官）となる。しかし、ここで思わぬ齟齬が生じた。

新しい制度を「甲種」と名づけたことで、より歴史の古い従来の予科練は「乙種飛行予科練習生

（乙飛）」と、格下ともとれる呼称になった。しかも、乙飛が三年がかりで進級する一等航空兵に、甲飛はわずか二ヵ月でなれる、という待遇の差も、「本家本元」としての乙飛のプライドをいたく傷つけたのだ。このとき生じた甲飛、乙飛の軋轢は、戦後も半世紀以上にわたり、戦友会の運営にまで悪影響を与え続けた。

予科練で、帝国海軍では前代未聞のストライキを敢行

いっぽう、乙飛よりも優遇されたかに見える甲飛にも、トラブルの種が潜んでいた。

海軍では、海軍兵学校、機関学校を卒業した少尉以上の士官だけが「将校」と呼ばれる。指揮権は兵学校出身の将校が最優先で、予科練出身者が特務少尉から特務中尉、特務大尉と進級しても、いざ戦闘となった場合の指揮権は、兵学校出身者の下位に置かれていた。つまり、特務大尉が兵学校出の少尉の指揮を受けることもあり得る。この問題はのちに改正されるが、予科練出身者が上級将校になる道は最初からなかったと言っていい。

ところが、海軍は、甲飛発足時の募集に際して、〈海軍航空幹部募集〉と謳《うた》い、ポスターにも、〈入隊後約五年で准士官（航空兵曹長）に累進《るいしん》し爾後《じご》昇進して高等武官に任ぜられる。〉と明記している。このことで、合格者は短剣を吊った海軍兵学校生徒に準ずる扱いを受けるものと誤解し、志願した者が多かったのだ。発足直後で、役所の兵事係や中学校の配属将校さえ詳細を理解していなかったことも不幸な行き違いを生んだ。

大西さんも、中学校の配属将校に、

「陸軍にも甲種幹部候補生（短期間の教育で予備役将校になる）という制度があるが、同じようなものだろう」

と説明を受け、甲飛に入れば、栄えある航空士官として海軍に迎えられると信じたからこそ、兵学校の受験資格を持ちながら敢えて甲飛を志願したのだという。

大西さんの回想——。

「全国の中学校から横須賀に集った同期生は二百六十五名。ところが、私たちが案内されたのは、運動場も教室もない兵舎で、与えられた服は、兵学校生徒の詰襟、短剣の制服ではなく『ジョンベラ』と呼ばれた水兵服（セーラー服）。入隊時の階級も海軍で最下級の『海軍四等航空兵』で、最初から下士官の上に位置する兵学校生徒とは格段の違いがありました。そこではじめて、これは宣伝と違うぞ、となったんです。

このとき、東京の開成中学校から入隊してきた堀井孝行君（昭和十九年戦死）が、下士官の班長に、『君が班長？　僕はこんなつもりではなかったから、明日東京に帰るよ』と言ったとたんにボコボコに殴られ、血だらけになってデッキ（床）に転がったのを憶えています。すかさず、教員から、『お前たちは軍人として入籍済みである。帰るなどとぬかすやつは即刻銃殺に処する』と、大音声《だいおんじょう》が飛んできました」

だがここで、甲飛三期生は、海軍を驚かす行動に出た。帝国海軍として前代未聞のストライキを企て、実行したのだ。大西さんも、その首謀者の一人だった。

「幹部候補生になるつもりで故郷を送り出されて、水兵服姿で帰るのは恥だと、休暇のときにも帰郷しない。我々は軍人になってしまったから仕方がないが、後輩が来ることは阻止しなければと、出身中学校へ甲飛受験を止めるよう呼びかける檄文を送る。この気配に驚いた上層部は、扇動者がいるものと見て、海軍お得意の罰直（体罰）をまじえた厳重な調査をしましたが、同期の結束は固く、ついに誰も口を割りませんでした」

三期生たちの頑《かたく》なな態度に、上層部も一転、

「いったいお前たちは海軍に何を望むのか」

と、対話を求めてきた。

「そこで、待ってましたとばかりに、将来の処遇、教育内容の改善、七つボタンに短剣やウイングマークをつけた制服など、盛りだくさんな要求を出した。いま思えば所詮は『ごまめの歯ぎしり』で、当局から見れば、子供たちが何を騒いでいるのか、と笑止千万だったと思いますが……。それらの要求のうち、服装だけは短剣が割引されて、昭和十七（一九四二）年十一月一日より、七つボタンの制服が誕生し、後輩の八期生からこれを着用することになりました。われわれのいる間には間に合いませんでしたが」

甲飛三期の出身中学への呼びかけが、じっさいに功を奏した例がある。当時、群馬県立富岡中学校の生徒だった田村一さんは、私のインタビューに、

「実は、甲飛四期に合格していたんですが、三期で入った先輩から、『宣伝に偽りあり、海軍は俺たちを騙している。絶対に甲飛には来るな』、という手紙が相次いで届き、驚いて辞退したんです。ほんとうは、予科練は学校への『入校』ではなく軍隊への『入隊』だから、志願して合格したのに辞退

することは難しい。町役場では埒《らち》が明かず、伝手を頼って群馬県の兵事課長にかけ合い、将来、軍務に服するときは必ず海軍に入るからとの約束で、やっと取り消しを認めてもらえました」

と語っている。田村さんはその後、東京の青山師範学校、第一師範学校を経て昭和十八（一九四三）年、海軍に入り、飛行専修予備学生十三期を経て零戦搭乗員となった。田村さんは終戦時中尉。辞退せずに甲飛四期に入っていれば終戦時の階級は少尉だから、三期生のアドバイスはその点では正しかったとも言える。

妻と初対面から三日後には激戦地へ出撃

大西さんは、なおもわざと暗いところで本を読んだりして、視力不足で罷免されようと抵抗を試みたが、昭和十五（一九四〇）年、予科練を卒業、大村海軍航空隊で偵察員（偵察、航法、通信を担当）としての訓練を受けたのち、昭和十六（一九四一）年四月、零式観測機搭乗員としてサイパン島の第七航空隊に配属、開戦を迎えた。

「聯合艦隊旗艦の艦載水上機が第一志望でしたが、海軍に盾ついて考課表（勤務成績表）に赤い付箋がつけられた者を花形部署に配置してくれるはずもありません。日米開戦を控えてトラック島（現・チューク諸島）に進出し、十二月二十三日、ウェーク島への敵前上陸を支援したのが初陣でした。戦闘中の同島に着水して上陸、拳銃片手に敵の指揮官・カニンガム中佐を探し回るという、珍妙な戦いでした」

零式観測機は、本来の用途は短距離偵察と軍艦の主砲の弾着観測だが、フロートのついた複葉機ながら運動性がよく、対潜哨戒や船団護衛にも使われ、格闘戦で敵戦闘機を撃墜したこともある。大西さんは、戦局の進展とともに南太平洋のラバウル（現・パプアニューギニア）、ショートランド（ソロモン諸島）などを転戦、何度か撃墜され、ときには陸上戦闘にも駆り出されるなど、幾度となく死線を超えてその都度生還した。

父親の勧めで、仙台市長の孫娘だった遠藤道子さんとの結婚が決まったのは、昭和十九（一九四四）年秋のことである。結婚式は十二月十六日、京都・平安神宮で挙げることになった。

しかし、その頃にはすでに日本の敗勢は決定的となっていた。サイパン、テニアンを手中に収めたアメリカ軍は、十月、フィリピン・レイテ島に来攻、第九三三海軍航空隊分隊士（分隊長の補佐）となっていた大西さんにも出撃命令がくだる。

十一月十六日、出撃準備中の佐伯基地（大分県）に道子さんを呼びよせ、ふたりで記念撮影をすると、三日後には激戦地に向け飛び立った。このときのことを、「結婚詐欺的出撃だった」と、大西さんは戦後もずっと、道子さんに対し負い目に感じていたという。

「レイテでの航空戦は、雲霞《うんか》のように群がるグラマンF６F（米海軍戦闘機）に寄ってたかって袋叩きに遭う、思い出したくもない凄絶な戦闘だった。われわれ零観隊と水上爆撃機『瑞雲《ずいうん》』隊は、二十分おきにルソン島のキャビテ軍港を発進して、レイテの敵弾薬集積所を爆撃しました。帰還すると『ガソリン急げ』と怒鳴りながら、プロペラも止まらぬ飛行機から飛び降り、夜を徹して飛び続けた。しまいには若い整備員が、『分隊士、死ぬつもりで飛んでいるでしょう！　もう行かないでください！』と、私の飛行服をつかんで泣いてくれましたが、その少年兵も、マニラが陥落したとき、陸上戦闘でフィリピンの土になりました……」

平安神宮で、親族一同が集い、大西さんと道子さんの結婚式が挙行されたのは、まさにそんな激戦を繰り広げているさなかのことだった。花婿がいないので、代わりに、額縁に入った飛行服姿の写真が飾られた。

前線に立つことのない参謀は「戦争は人類最大の遊戯」と言い放った

昭和二十（一九四五）年一月になると、米軍はルソン島リンガエン湾に上陸、マニラに迫ろうとしていた。日本軍の航空兵力はほとんど壊滅し、大西さんは、残存した二機の零観を率いて炎上するマニラから仏印（現・ベトナム）カムラン湾に脱出。その後、五月二十七日には敵戦闘機・ロッキードＰ－38に撃墜され、南シナ海を漂流、漁船に救助されるなど、なおも戦いを続けながら、プノンペン南方の秘匿基地で終戦を迎えた。階級は、海軍少尉になっていた。

「終戦間際、ドイツの敗勢で敵国になったフランス軍の、ラオス国境にある兵営を攻撃する命令がくだりました。日本陸軍部隊に取り囲まれた兵営の監視所に、試しに六十キロ爆弾二発を落とすと、あっさりと白旗が翻った。これが、帝国海軍最後の勝ち戦だったかもしれません」

と大西さんは振り返る。

開戦直前に一線部隊に出された甲飛三期の同期生は、大戦中、もっとも使い頃のベテラン搭乗員として酷使され、入隊した二百六十五名のうち、八十四パーセントにあたる二百二十三名もが、戦争が終わるまでに二十歳前後の若さで戦死、あるいは殉職していた。

予科練では海軍当局に反抗し、待遇改善を求めるストライキまで起こした彼らであったが、いざ戦争が始まると、いわゆる職業軍人としてではなく、訓練を受け実戦をくぐり抜けた「プロの飛行機乗り」としての矜持を胸に、敢然と戦ったのだ。

ベトナムから復員した大西さんは、同志社大学に入学し、戦争で失われた青春を取り戻そうとスキー部に入った。しかし、嬉しいこと、楽しいことがあるにつけ、戦死した仲間の若い顔が浮かんできたという。

「明日は出撃という前の晩、若い搭乗員が部屋の隅で、机に向かって何かを書いている。『何をしてる?』と声をかけたら、三角函数を懸命に解いていました。『死ぬまで勉強したいんです』と。そのあどけない顔が忘れられません」

フィリピンでの激戦を経て、ベトナムに脱出した頃、第一線に立つことのない一人の参謀が大西さんに、

「大西少尉、戦争は人類最大の遊戯と言えないかね」

と話しかけてきたことがある。頽廃を気取るつもりなのかも知れないが、大西さんは、思わず拳銃に手をかけるほどの憤りを感じた。

「私の隊では、毎日若い搭乗員が戦死している。遊びで死ねるなら貴方が先に死になさい!」

そのとき初めて、上層部の無責任さを感じ、戦うことに疑問を覚えたのだという。

「墜落王」の生き残り四原則

激戦のなか、フロートのついた水上観測機で敵戦闘機と互角に渡り合うというわけにはいかず、大西さんは空戦で四度も撃墜され、「海軍の墜落王」を自認していた。もっとも、「撃墜王」など敗戦国にあるものか、と思っている。

大西さんがメモに残した「墜落王の生き残り四原則」というのがある。

一．雲上快晴……これは、ラバウル航空隊搭乗員の合言葉だった。地上がたとえ、嵐や大雨であっても、めげずに高度六千メートルまで飛べ。そこには雲ひとつない快晴が、俺たちを待っている。ネバー・ギブアップ！　先に悲観し、絶望したものから死ぬのだ。

二．八割人生……炎のなかを大西という人間が八割の力で必死に墜落してゆく。その横で別の大西が、二割の力で、冷静に生きる指示を出している。それで生き残れたと信じている。人間、二割の余裕が大切だ。

三．人間は一人で生き一人で死ぬ。たとえ二十歳で死んでも、百歳まで生きても、それは星の瞬きほどの瞬間でしかない。生きているだけは全力で生きてやろう。生きたければ、この機にしがみついてでも生きよ、と悟った。

四．いつ死ぬかわからない飛行機乗りは、思いつめると狂ってしまう。今日あったことは全部忘れてしまえ、明日は明日の風が吹く。あとはなるようにしか、ならない。

大西さんは眉目秀麗で、戦時中、予科練の募集ポスターのモデルを務めたこともある。自分の勇姿に憧れて予科練に入隊した少年たちが、次々と特攻で戦死していったことに、大西さんは終生自責の念を抱いていた。だからこそ、若い人を大切にした。

一人の体験の陰には、もの言わぬ幾多の戦没者がいる

私は何度か大西さんにインタビューを重ねたが、なかでも強く印象に残っているのは平成十四（二〇〇二）年四月のことである。この日、指定された待ち合わせ場所は、京都宝ヶ池プリンスホテル（現・グランドプリンスホテル京都）だった。

何か会議があってそれを済ませてからというので、ロビーで待つことしばし、大西さんが、千宗室（現・玄室／飛行専修予備学生十四期、徳島海軍航空隊特攻隊員）氏をはじめ、錚々たる京都の文化人、財界人と一緒に出てきた。それと、小柄な若い女性が一人。

聞けば、この女性は二十三歳。新疆《しんきょう》ウイグル自治区の人で、井原西鶴に興味を持ち、ウルムチからはるばる京都府立大学文学部に留学に来た。女性の両親は公立高校教師だが、それまで貯えた全財産を、娘の夢の実現のために投じたのだという。

そして、京都市内の中華料理店でアルバイトをしていたところ、たまたま客として訪れた大西さんの妻・道子さんと出会い、話を聞いた大西さんが、

「ウルムチから井原西鶴の勉強とは感心な」

と意気に感じ、京都財界に働きかけて、彼女のために「国際善意基金奨学金」を創設することにな

ったのが、この日の会議だった。

大西さんは、忠臣蔵で知られる祇園一力亭で、得意の「月の砂漠」を唄い、芸妓に「ここでこんなに上手に唄わはったんは、（大石）内蔵助はん以来どすえ」と誉められたのが自慢だったが、そんな歴史に裏打ちされた精神でもあろうか、大西さんや、呼びかけに応えた京都財界の懐の深さに驚いたものだ。

ところが、その翌年（平成十五年）六月十二日、道子さんが急逝する。道子さんの告別式には、大西さんの予科練時代の仲間をふくめ、六百名もの人が集った。出棺のとき、大西さんは、

「十九歳で結婚し、花嫁即未亡人となるところでしたが、幸運にも六十年をともに過ごすことができました。そして、三月二十一日夕、庭先に咲いた満開の桜に少女のごとく喜び、そして突然倒れ……多くの人に愛された人生最高のときに散っていったことはむしろ幸せでした」

と挨拶した。予科練の後輩・竹村遷さんによると（「甲飛だより」第六十九号）、告別式を終えた大西さんは、

「先に見送ってやれてよかった。もし私が先だったら、こんなに辛く悲しい思いをさせるのかと思うと……。心配しなくていいよ、何度も死線を超えてきた私は、一人になっても耐えていける」

と、気丈にふるまっていた。だが、最愛の妻を喪った大西さんはやがて体調をくずし、道子さんが亡くなってわずか五十六日後の八月七日、後を追うようにこの世を去った。

最期はしきりに頭に手をやり、その手を振る動作をしてほどなく息をひきとったという。これは、海軍で出撃するときなど、帽子を高く掲げて振った「帽振れ」の合図で別れを告げようとしたのでは

ないかと、親しい人は噂し合った。

ウルムチからの留学生のために、個人で援助するのではなく、財界を巻き込んで奨学金を創設したのも、自らに万一のことがあっても彼女が困らないよう、配慮したのだと思われた。

「かつてこの国に、金のためでも名誉のためでもなく、ただただ与えられた任務に従って、黙って死んだ若者たちがいたことを、いまの若者たちにも伝えたい」

と、インタビューのたびに大西さんは言っていた。

「花婿のいない結婚式」は、大西さんに限らず、大戦末期、しばしば見られた光景である。私が出会った女性のなかには、

「昭和二十年、祝言当日に花婿が来ず、親族一同憤慨したが、戦争が終わったあとになって、ちょうどその日、自分の夫が金華山沖に現れた敵機動部隊に向け出撃、戦死していたことを知った」

という人もいる。

大西さんは、生還したからこそ自らの体験を語ることができたが、戦没した大多数の同期生や戦友たちは、それぞれの思いを人に伝えるすべもなかった。一人の体験の陰には、もの言わぬ幾多の戦没者がいることを忘れてはいけない。そして、おそらく血を吐く思いで夫を待った妻、子を喪った親、親を亡くした子がいたことも。

——この一枚の結婚式写真は、そんな、戦争に翻弄された多くの人々のさまざまな運命をも、見る者に語りかけてくる。

昭和19年12月16日、平安神宮で花婿のいない結婚式

大西さんの写真と式を挙げた道子さん

昭和19年11月16日、フィリピンへの出撃直前、大分県佐伯基地で道子さんと

昭和16年3月、故郷・京都の祇園の人たちが献納した九六式艦上戦闘機とともに

零式観測機。大戦全期間を通じ活躍した複葉複座の水上機

昭和17年、ラバウル上空で任務飛行中の大西さん

昭和20年3月、仏印サイゴン（現ベトナム・ホーチミン市）近郊にて

平成14年10月、茨城県の土浦海軍航空隊跡で行われた予科練戦没者慰霊祭で、祭文を読む大西さん（撮影／神立尚紀）

ソロモン諸島・ブーゲンビル島西端のソハナ島に残る零式観測機の残骸（撮影／神立尚紀）

第八章

「戦艦大和」特攻を「思い付きの作戦」と痛烈批判した副砲長の無念

異様なまでに目に焼き付いた「特攻」の二文字

「准士官以上、第一砲塔右舷《みぎげん》急ゲ」「総員集合五分前」の号令が、戦艦「大和」の艦内スピーカーを通して響きわたった。昭和二十（一九四五）年四月五日、午後三時過ぎのことである。

大戦末期、すでに米軍は沖縄に上陸し、日本陸海軍は沖縄に来攻した米軍に対し、まさに総攻撃をかけようとしているところであった。

「大和」は、口径四十六センチの巨砲九門を搭載、世界最大最強の戦艦として誕生しながら、日本海軍自らが真珠湾攻撃（昭和十六年十二月八日。停泊中の戦艦を航空攻撃で撃沈）、それに続くマレー沖海戦（同年十二月十日、航行中の戦艦を世界で初めて航空攻撃のみで撃沈）などで航空戦の時代を切り拓いたこともあって、それまで、本来の威力を発揮する機会のないまま生きながらえていた。

基準排水量六万四千トン、公試排水量六万九千トン、全長二百六十三メートル、全幅三十八・九メートル。主要部は厚い装甲に守られ、「不沈艦」とも称されたが、姉妹艦「武蔵」は、すでに昭和十九（一九四四）年十月二十四日、フィリピンで米軍機の攻撃を受け、撃沈されている。

清水芳人さん（一九一二－二〇〇八）は、当時、海軍少佐で「大和」第十分隊長（戦闘配置は副砲長。六門の十五・五センチ副砲を指揮する）を務めていた。急いで艦長・有賀幸作大佐、副長・能村次郎大佐の待つ前甲板に駆けつけた清水少佐に、副長は黙って、手にしていた電報用紙を差し出した。そこには、次のように書かれていた。

〈1YB（大和 2sd）ハ海上特攻トシテ八日黎明沖縄島ニ突入ヲ目途トシ　急速出撃準備ヲ完成スベシ〉（聯合艦隊電令作第六〇三號　昭和二十年四月五日一三五九）（1YBは第一遊撃部隊、2sdは第二水雷戦隊を意味する。一三五九は午後一時五十九分）

「これまでも出撃するときは生還を期していなかったし、戦況から半ば予想していたことではありましたが、電文にある『特攻』の二文字が、異様なまでに目に焼きつきました。同じ特攻でも、飛行機のほうは建前として『志願』ということになっていましたが、この海上特攻は否応なしの至上命令、『大和』だけでも三千名以上の乗組員がいるわけです。しかし、どういうものか悲壮な気分にもなれず、祖国の安危急迫のとき、一億特攻のさきがけとして『大和』と運命をともにするのは本望、何も思い残すことはない、と覚悟を決めました」

前甲板に整列した全乗組員に、有賀艦長は、

「出撃に際し、いまさら改めて言うことはない。全世界が我々に注目するであろう。ただ全力を尽くして任務を達成し、全海軍の期待に添いたいと思う」

と訓示した。清水さんの回想――。

「飛行機の護衛のない艦隊が、敵地に乗り込んで行ったらどうなるか、これまでの戦訓からも明らか

です。私たちも無事に沖縄へ着けるとは思わない。しかし、もし万が一、天候が悪かったりして、敵機の攻撃を受けずにたどり着くことができたら、命令通りに撃ちまくるだけだと思っていました。特攻と言っても、怖れていては前に進めない。死ぬまでは生きてるんだからと思って、遺書も書きませんでした」

清水さんは明治四十五（一九一二）年、広島市呉市に生まれた。幼いときに両親をなくし、兄弟そろって東京の親戚方に身を寄せるが、関東大震災で被災、ふたたび呉に戻る。

昭和四年、広島県立呉中学校（現・広島県立呉三津田高等学校）四年生を修了して海軍兵学校に入校。卒業後は遠洋航海を経て、重巡「高雄」、戦艦「扶桑」、軽巡「五十鈴」、重巡「妙高」、駆逐艦「呉竹」「江風《かわかぜ》」「三日月」「追風《おいて》」「朝雲」、潜水母艦「大鯨《たいげい》」、練習艦「八雲」、軽巡「龍田」とさまざまな艦で勤務し、「大和」特攻の前年、昭和十九年十月の比島沖海戦では、副長兼砲術長として乗組んでいた軽巡「阿武隈」が撃沈され、二時間あまりの漂流の末、救助されるという体験も持っていた。当時三十二歳、生粋の船乗りと言っていい。

「大和」には、出撃準備命令に続いて、すぐさま聯合艦隊からの出撃命令が届いた。

〈海上特攻隊ハY－1日黎明時豊後水道出撃　Y日黎明時沖縄西方海面ニ突入敵ノ水上艦艇並ニ輸送船団ヲ攻撃撃滅スベシ　Y日ヲ八日トス〉（聯合艦隊電令作第六〇七號　四月五日一五〇〇〈午後三時〉）

「大和」には海軍兵学校七十四期を卒業したばかりの少尉候補生が四十二名、二日前の四月三日から乗艦していて、清水さんがその指導官を務めていたが、特攻出撃の命令を受けて、艦長の決断で候補生を退艦させることになった。血気盛んな若い候補生たちは「私たちもぜひ連れて行ってください」と艦長に直訴したが、「皆の気持ちはよくわかる。残って国のために尽くしてもらいたい」と諭す艦長の言葉に、涙を呑んで退艦していった。

「ああよかった、これで安心して征ける」

と、清水さんは安堵したと言う。南北朝時代、楠木正成が最後の出陣に際して、その子・正行を諭した故事が思い出された。

「この晩、艦内で最後の酒宴が行われました。可燃物はすでに陸揚げしているので、鉄の床に座っての宴会です。乾杯、乾杯で酔いつぶれた私を、部下の下士官たちが皆で私室に担ぎこんでくれました。『分隊長、最後ですから、私たちで毛布を掛けさせてください』という部下に、『最後ではないぞ、この調子で明日も寝かせてもらうからな。大和が沈むものか。皆、頑張れよ』と声をかけました。

そのときの毛布の温かみは、九十歳になったいまも忘れられません。そこで、『大和は絶対に沈まんぞ、沈むまではナ』と付け加えたところ、皆どっと爆笑し、『おい、撃って撃って撃ちまくろう、この大和を沈めてたまるものか』と威勢のよい声が、いつものにこやかな顔から返ってきました」

「片道燃料」ではなかった

出撃当日、四月六日は、海辺近くに散在する桜がまさに満開、松の緑に映えて美しく、清水さんは、これが祖国の見納めと、双眼鏡をのぞきながら自分に言い聞かせた。

午後三時二十分、「大和」以下、軽巡洋艦「矢矧」、駆逐艦「冬月」「涼月《すずつき》」「磯風」「濱風」「雪風」「朝霜」「初霜」「霞《かすみ》」の十隻は、徳山沖を出撃した。この出撃について、「片道燃料」で出て行ったとまことしやかに伝えられることが多いが、決してそんなことはなく、満腹ではなくても、往復に十分なだけの燃料を各艦ともに積んでいた。

防衛省防衛研究所所収の「天一號作戦海上特攻隊戦闘詳報」によれば、「大和」出撃時の燃料搭載量は、満載の約三分の二にあたる四千トン。これは、公試データを基に単純に換算すると、速力十六ノット（時速約三十キロ）で八千三百浬（約一万五千キロ）の航行が可能な量である。全速二十七ノット（時速約五十キロ）で航行すれば航続距離はその数分の一になるが、いずれにしても、徳山沖から沖縄までの往復、約二千キロは余裕でクリアできるはずだった。駆逐艦各艦に関しても、燃料を満載にしたことを窺わせる記録が残っている。

周防灘で駆逐艦各艦が、「大和」を目標に襲撃訓練を約一時間実施したあと、午後六時、豊後水道の通過を前に、「手空キ総員前甲板」の号令が出て、現配置（哨戒直についている者）以外の乗組員が集合した。すでに操艦中で艦橋から離れられない艦長に代わって、能村副長より、聯合艦隊司令長官・豊田副武大将、「大和」に乗艦している第二艦隊司令長官・伊藤整一中将の、出撃にあたっての訓示が伝達された。副長は訓示を、

「我々の行く手にはいかなる運命が待ち構えているかも知れない。しかし、日頃鍛錬した腕を十二分に発揮して、この『大和』を神風大和たらしめたい」

と結んだ。夕暮れ迫る上甲板に並んだ、草色の第三種軍装の顔、顔。眼前の巨砲、そそり立つ前《ぜん》

檣楼《しょうろう》、後檣にはためく軍艦旗。「君が代」奉唱、万歳の嵐。清水さんは、「われ特攻出撃す」の実感をひしひしと味わった。

瀬戸内海を一歩出ると、そこはもう、敵潜水艦が待ち構えている戦場である。「大和」は警戒を厳重にしながら、豊後水道を南下した。

夜が明けて、四月七日。この日の朝、第五航空艦隊司令長官・宇垣纏《うがきまとめ》中将の命を受けた、第二〇三海軍航空隊の零戦十機と、第三五二海軍航空隊の零戦十二機が交代で「大和」上空に飛来、七時から十時十五分にかけ、三時間あまりにわたって上空哨戒（護衛飛行）を実施した。

当時、三五二空分隊長で、最後の「大和」上空哨戒の零戦隊指揮官だった植松眞衛大尉は、

「『主トシテ敵哨戒機ヲ撃攘《げきじょう》スベシ』との命令でした。この日は雲が低く垂れこめていて、『大和』の発見には苦労しました。艦隊の位置は佐多岬の二百七十度（西）、距離七十浬（約百三十キロ）との情報を得ていたので、硫黄島、黒島を経て、目標となる草垣諸島を探したんですが視界不良で見当たらず、ようやく雲の合間に艦隊を見つけたのが午前九時。そこで二〇三空と交代し、雲の下、高度三百メートル以下の低空を旋回しながら護衛しました。甲板から手を振る乗組員の姿が見えましたよ。私の隊が飛んでいる間には、敵機は姿を見せませんでしたが……」

と、筆者に語っている。清水さんは、

「零戦が飛ぶのはよく見えましたよ。護衛というより、司令部がせめてものはなむけとして、見送りに出してくれたのだと思い、ありがたく、また心強く感じました」

と回想する。

「大和」の出撃に際しては、「戦闘機の護衛もなく、裸で進撃させられた」との通説もまかり通っているが、これも半分はウソだということになる。

主砲を撃つチャンスは一度もなかった

零戦隊が引き揚げた直後から、二機の米軍飛行艇が、遠く低空で「大和」に触接を始めた。「撃ち方用意」が下令され、主砲、副砲をそちらの方向へ向けると、敵機は雲のなかに隠れた（午前十時十八分。記録では、「主副砲射撃開始」とあるが、清水さんは、この飛行艇に対しての射撃は間に合わなかったと回想している）が、約二時間後の十二時三十二分、敵艦上機の大群が来襲した。

「雲が低くて、電探（レーダー）では捕捉しているのに、敵機の姿がなかなか見えない。飛行機に対しては電探射撃ができなかったんです。やがて雲の合間から黒い点々のような飛行機が見えたと思ったら、敵機は突然、死角の後方から急降下してきて、爆弾が後部指揮所を直撃しました。そこには後部副砲の指揮官・臼淵馨大尉がいたんですが、彼はその一弾で戦死してしまった。

私は、ふつう真っ先に狙われるのは前檣楼だから、臼淵大尉には後部にあって、私の戦死後の副砲指揮を任せるつもりだったのが、裏目に出てしまいました。なんとも無念でしたね……」

清水さんの戦闘配置である副砲射撃指揮所は、前檣楼の上部戦闘艦橋のすぐ横下にあり、主砲と同じ方位盤照準器が装備されている。副砲は高角砲とちがって、もともと対水上艦射撃用にできているので対空射撃には不向きだが、それでも低空で来襲する雷撃機（魚雷攻撃機）を捕捉しては、対空戦闘用に装備されていた三式通常弾（散開弾）で、五斉射ほどの射撃を浴びせた。

「しかし、魚雷回避のための転舵が激しくて射撃が思うに任せず、また、せっかく敵機を捕捉しても、味方駆逐艦への危険の配慮から発射できなかったりして、切歯扼腕の思いでした。雲が低いので遠距離砲戦の機会はなく、来襲した敵機に対して、主砲は一度も撃つチャンスはありませんでした。戦後の映画なんかだと、敵機に主砲を撃つシーンが描かれていて、その気持ちはわかるんだけども、実際には撃てなかった。米軍機の攻撃は、雲のなかでもよく連携がとれ、また、対空砲火の弾幕をいとわず突撃してくる勇敢さに感心しました。ただ、狙えば必ず当たりそうな巨艦に対して、魚雷や爆弾の命中率は意外に低いと思いましたね」

敵の第一波攻撃で被弾したものの、「大和」は速力も衰えず、前檣楼の被害は皆無で、なおもやる気十分で沖縄に向かおうとしていた。清水さんも、「この調子ならたどり着けるかもしれない」と思ったと言う。しかし、敵機の攻撃はとどまるところを知らず、第二波、第三波攻撃で被害は累積し、特に左舷に集中して命中した魚雷のために、艦の傾斜は静かに増大していった。

「戦闘中は、いろんな音にかき消されて、前檣楼にいても魚雷の命中音は聞こえませんが、そのたびに艦が大きく揺れるので、数多くの魚雷が命中しているのは感じていました。爆弾のほうは、命中しても、ポンという音が聞こえるぐらいです。傾斜は、しばらく五度ぐらいで持ちこたえていましたが、こうなると主砲はもちろん、副砲ももう撃てません。

高角砲も、射撃困難に陥って散発的になっています。被雷による浸水でだんだん傾きが増してきて、左十七度まで傾いたところでいったん止まりました。主砲塔の上にまで特設機銃が装備されていましたが、対空機銃だけが、最後まで心憎いまでに撃ち続けていました」

艦はまだ半速（九ノット、時速約十七キロ）程度で走り続けている。電灯はついているし、電話や拡声器も使える。水線下の機関科員の健闘がうかがえる。だが、高角砲、機銃が被害を受けて対空能力が激減したため、やがて敵機は頭上を飛び交うほど、意のままに攻撃を加えてくるようになった。

「そんななか、第一波の被弾による後部火災は鎮火せず、弾火薬庫付近に立ち上る煙が、始終気になっていました。後部副砲の火薬庫が過熱して、手がつけられないとの報告も上がってきた。そしてこのことが、のちの大爆発の原因になったのではないかと、私は推定しています」

戦闘詳報に残した「徒死（無駄死に）」の文字

残念ながら、沈没は時間の問題になってきた。やがて、艦長より、「総員最上甲板」（総員退艦）の命令がくだる。清水さんは、側にいる指揮所員に、「死に急いではならない。浮いているものがあったら何でもよいから掴まってじっとしていること。絶対に一人になってはならない」と指示した。部下たちには、誰一人として動揺の気配は見られなかった。

「まもなく左舷に命中した魚雷によって傾斜は急激に増大し、私は横倒しになった指揮所に踏みとどまったまま水につかりました。海水の入るザーッという大きな音が聞こえていて、前檣楼の周りの海には、多くの乗組員が泳いでいました」

指揮所の窓から海中に吸い出され、浮かび上がった清水さんが振り返ると、目の前に巨大な「大和」の赤腹が、山のようにそびえて見えた。その上には、十名近い乗組員が、まるで人形のようにきれいに並んで万歳を叫んでいる。これがあの「大和」か、と目をみはった次の瞬間、「大和」は大爆発を起こし、清水さんの身体はふたたび海中深く吸い込まれていった。どれぐらい潜ったかはわからない。真っ暗だった。やがて周囲が明るくなり、気がつけば海面に浮上していた。「大和」の艦影はもう見えなかった。ときに午後二時二十三分。

周囲には、艦から漏れ出た重油が層をなし、空は黒々とした雲に覆われ、あたりは薄暗い。二百メートルぐらい先か、海中から赤い大きな炎が不気味に高く燃え上がり、そのなかで火薬が閃光を発し、花火のようにはぜている。主砲の発射用火薬がロケットのように滑走してこちらへ向かってくる。空からは大小無数の鉄片や鉄板が降り注ぎ、ピシャピシャと水しぶきを上げる。

「そんななか、目の前を何か黒く丸いものがいくつか動いているのが見えた。『ああ、生存者だ』と思ったら、ふと我に返りました。脱出したときは大勢泳いでいたのに、爆発に巻き込まれたのか、多くは残っていませんでした。せっかく生き残った者を死なせてはいけない。私は思わず、『准士官以上姓名申告、近くにいる下士官兵を握って待機、漂流の処置をなせ』と叫びました」

戦記文学の古典的名作『戦艦大和ノ最期』の著者、吉田満少尉も近くにいたらしく、同書にも、『声枯レテ響キワタル……叫ブ横顔ハ清水副砲長カ』という場面が出てくる。(しかしながら同書には、救助にあたった駆逐艦「初霜」のカッターの艇指揮や下士官が、取りすがる手首を日本刀で切り落としたなどという虚偽の創作が含まれている。溺者救助に日本刀を持ち出すこと自体ありえない。個人が特定できる形であり、名誉棄損の指摘を受けた吉田氏はのちに創作を認め関係者に謝罪したが、本の記述は改められなかった)

清水さんは、近くにいる十名ばかりと励まし合いながら、静かにうねりに揺られていた。風もなく静かな海であった。駆逐艦がすぐ側を南に向け走り去った。生き残りの駆逐艦だけで沖縄に突入するのか。清水さんたちは、海面から手を高く上げ、「後を頼むぞ！　頑張れ！」と叫んだ。もはや生も死もなく、運命の波間に夢でも見ているような気がした。今日一日、何もなかったかのように、水平線のかなたに夕日が低く雲に映えて美しかった。そのときは、作戦が中止され、残存駆逐艦が反転することになるとは知る由もなかったのである。

清水さんは、二時間あまりの漂流ののち、駆逐艦「冬月」に救助され、翌朝、佐世保に帰還した。

有賀艦長は艦と運命をともにし、生存者中最先任者（序列がもっとも上）である能村副長は頭部に重傷を負って入院していたため、清水さんが代わって「大和」特攻の戦闘詳報を書くことになった。現在、防衛省に保管されている「軍艦大和戦闘詳報」は、清水さんの手によるものである。いまでは名高い戦訓所見、

〈「思ヒ付キ」作戦ハ精鋭部隊（艦船）ヲモミスミス徒死《とし》セシメルニ過ギズ〉

……という一節を、清水さんは第二艦隊司令長官・伊藤整一中将、有賀艦長をはじめ、「大和」で戦死した二千七百四十名への万感の思いを込めて書いた。

戦闘詳報には、沈没と引き換えに対空戦闘で「大和」が挙げた戦果は撃墜三機、撃破二十機と記録されている。別に、同行した軽巡洋艦「矢矧」、駆逐艦八隻からなる第二水雷戦隊の戦闘詳報には、〈敵機撃墜機数十九機（沈没艦ノ分ヲ含マズ）〉とあるが、第二水雷戦隊も、「矢矧」以下、駆逐艦「磯風」「濱風」「朝霜」「霞」が沈み、「涼月」が大破した。各艦の戦死者数は、「矢矧」四百四十六

名、「冬月」十二名、「涼月」五十七名、「磯風」二十名、「濱風」百名、「雪風」三名、「朝霜」三百三十六名（総員）、「霞」十七名、計九百九十一名にのぼり、「大和」と合わせて三千七百三十一名もの命が、このたった一度の出撃で失われたことになる。

死んだ連中の分まで頑張らなきゃ

ほどなく、終戦。清水さんは、最後に残された数隻の駆逐艦を寄せ集めて編成された第三十一戦隊の砲術参謀として駆逐艦「花月」に乗艦、再度の特攻出撃に備えているところだった。

「悲しいことに、もはや動ける艦が、これら数隻の駆逐艦しかなかったんですよ。瀬戸内海の柳井（山口県）の沖に停泊して、艦に網をかぶせて木の枝をつけ、マストには松の木を立てて、敵機から見えないように偽装していました。対空射撃をすると居場所がバレるから、敵機が上空を飛んでも見送るだけです。八月十五日、玉音放送を聞いたときは、まだやれ、と言われるのかと思いましたが、終戦だとわかって、まあこれでよかったと思いました。艦が沈むと人も沈む。『大和』をはじめ、艦と一緒に優秀な人が大勢死んでしまって、これからの時代は人を大事にしなければならないと思いました」

終戦後は七ヵ月間、呉に残って復員事業に従事したのち、帰郷。妻の実家のある愛知県で農場を開墾、精麦工場や倉庫業を営んだ。

「帰った翌日から地下足袋をはいて農業です。鍬《くわ》を持って朝から晩まで、若い人と一緒に、負けるもんかと頑張りました。犬が日向ぼっこで昼寝なんかしているのを見ると、『私は貝になりたい』ではないけれど、犬になりたいなあ、と思ったこともありましたよ。しかし、生かされてあることを思えば、世の中にも、家内の両親にも尽くさねばと一生懸命でした」

戦後の歳月はあっという間に過ぎた。清水さんにとって、戦争中の四年間は、戦後の半世紀に匹敵するほど長く苦しい時間だったのだ。

「大和」の持つ歴史的な意味について、清水さんの脳裏に鮮明に残っていた言葉がある。特攻出撃前の昭和二十年三月、海軍兵学校七十五期生として在校中の皇族生徒・賀陽宮治憲王《かやのみやはるのりおう》が「大和」を見学に訪れた際、清水さんは、初級士官指導官として、殿下、侍従武官とともに、伊藤長官の私室に招かれた。そのとき、清水さんは長官から、

「民族が栄えるとき、その象徴として偉大なものを残す。万里の長城然り、ピラミッド然り。『大和』もまた、そうである。こうした偉大な戦艦を造りえたことは、大いに民族の誇りとして自負してよい」

との言葉を聞かされたという。

「その三つを揶揄《やゆ》して『世界の三大馬鹿』という人もいますが、それは意味が全く逆で、私は、『大和』は凝縮された日本の文化そのものであり、日本が栄えた記念碑だと思っています。『大和』は、日本人が造った世界一の戦艦、乗組員も、選りすぐりの優秀な人たちばかりでした……」

清水さんの述懐は、当事者として至極もっともなものであろう。だが、その「世界一」の戦艦も、航空機が主力となった時代の趨勢《すうせい》には勝てず、撃沈されるのが自明の、いわば破れかぶれの出撃を命じられ、あえない最期を遂げた。

海軍での特攻戦死者は、たとえば航空特攻の場合、准士官以上は死後二階級進級、下士官は一律に

少尉、兵は一律に兵曹長（准士官）に進級することになっていた。死後の進級は、本人のあずかり知らぬところだが、階級が上がることで遺族への一時金や恩給が手厚くなる、いわば遺族への救済策という意味合いがある。だが、命令に「特攻」と明記されていたにもかかわらず、この日、各艦とともに沈んだ乗組員は、「大和」の有賀艦長をのぞき、通常の戦死と同じ一階級の進級にとどまった。出撃を命じた聯合艦隊司令部の、後先を考えない杜撰《ずさん》な仕事ぶりが、このことからもうかがえる。まさに「思ヒ付キ」作戦で、三千七百名を超える選りすぐりの若者たちを、あたら海の藻屑《もくず》にしたのだ。

清水さんは言う。

「国家民族危急のとき、『大和』とともに、身命を賭してこれにあたった乗組員たちがいたことを、後世の日本人が少しでも記憶にとどめてくれたら、彼らも浮かばれるんじゃないでしょうか。沖縄に米軍が上陸し、なんとかこれに一矢を報いなければと、自己犠牲をいとわなかった尊い気魄は、いわゆる戦争責任論とは別のもの。あの敗戦の廃墟から立ち直り、奇跡的な復興を遂げたのも、戦いに斃れた人たちの精神が、日本人の心のどこかに残っていたからだと思っています。死んだ連中の分まで頑張らなきゃと、みんなが思っていましたからね」

戦争が愚行であることは言うまでもない。だが、あの時代の渦中を生きた将兵にとっては、目の前に戦争がある限り、戦う以外の選択肢はなかった。戦艦「大和」は、東経百二十八度〇四分、北緯三十度四十三分、水深三百四十五メートルの海底で、幾千の骸《むくろ》の墓標となって、いまも静かに眠っている。そしていつまでも、日本人の心のなかに生き続けることだろう。

昭和16年10月20日、宿毛沖で全力航行中の「大和」。世界最大最強の戦艦として誕生した

昭和16年10月30日、宿毛沖で全力公試運転中の「大和」

昭和20年1月1日、「大和」前檣楼右下で撮影した、艦長以下、分隊長以上の士官の集合写真。前列左から３人めより高射長・川崎勝巳少佐、軍医長・黒田秀隆軍医少佐、航海長・茂木史郎中佐、副長・能村次郎大佐、艦長・有賀幸作大佐、内務長・林紫郎中佐、副砲長・清水芳人少佐、主計長・堀井正主計少佐、１人おいて右端一番主砲長・今村國松少佐、３列め右から３人め後部副砲指揮官・臼淵馨大尉

清水芳人少佐。昭和20年2月11日紀元節、「大和」前部最上甲板、主砲砲塔横にて。足元の甲板が、迷彩用に黒く塗られているのがわかる

「大和」の特攻出撃のさい、最後の上空直衛を務めた三五二空零戦隊指揮官・植松眞衛・元大尉（撮影／神立尚紀）

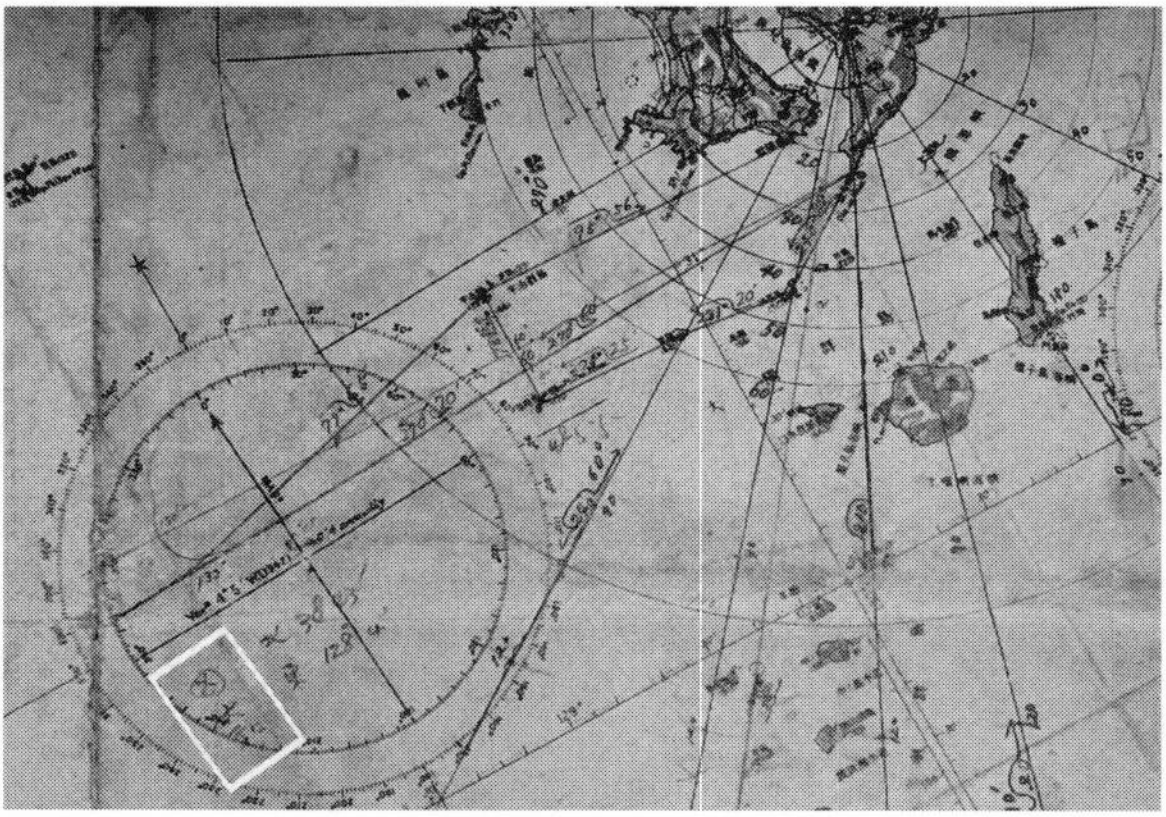

昭和20年4月7日朝、「大和」を最後に護衛した植松大尉が携行した航空図（部分）。当日の飛行経路と「大和」の沈没地点が鉛筆で記されている

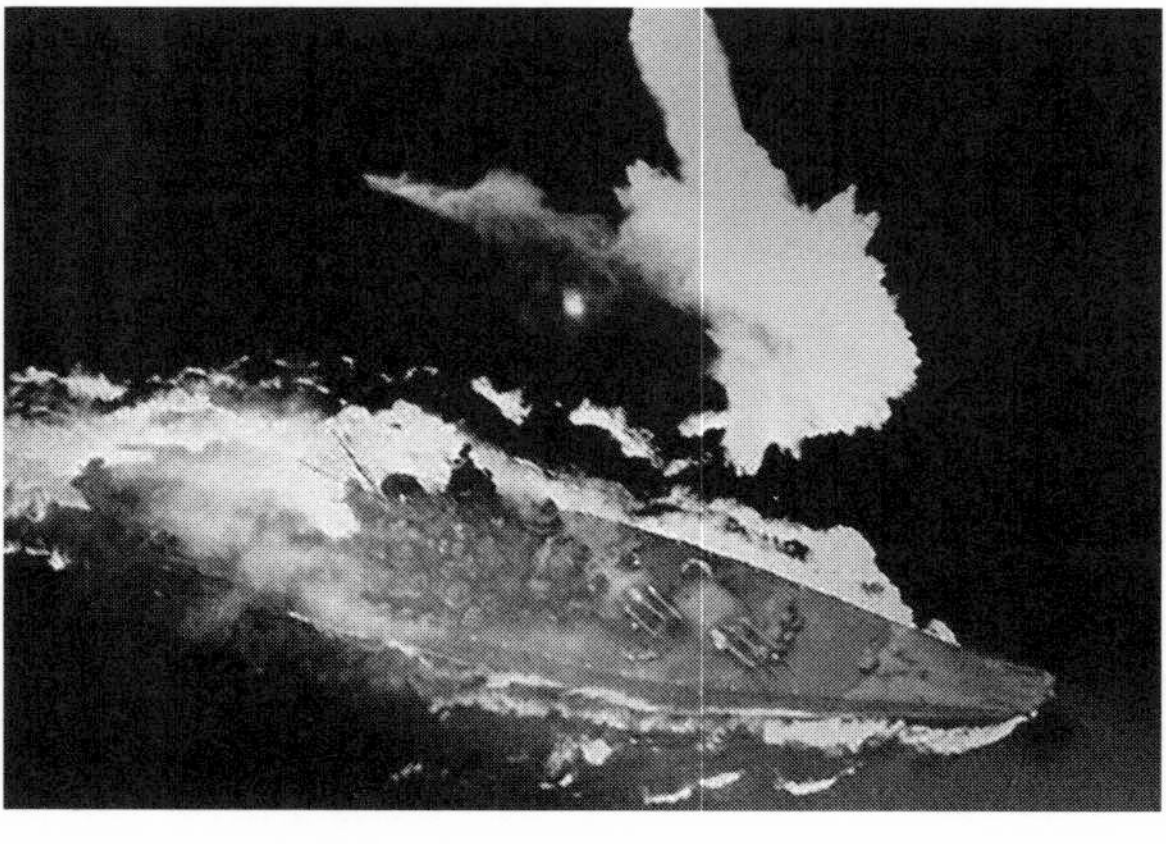

米軍機の攻撃、満身創痍となりながらも対空戦闘を続ける「大和」

昭和20年4月7日午後2時23分、「大和」は大爆発を起こして沈没した

90歳のときの清水芳人さん。愛知県護国神社の「戦艦大和記念碑」前で（撮影／神立尚紀）

第九章

知られざる『終戦後』の空戦
八月十五日に戦争は終わっていなかった

ポツダム宣言受諾通告後に来襲した百七十六機の連合軍機

八月十五日——いま、日本政府はこの日を「戦没者を追悼し平和を祈念する日」と定め、東京の日本武道館で毎年、「全国戦没者追悼式」を挙行している。八月十五日を「終戦記念日」とすることは、日本の盆の風習とも相まって、戦没者、戦争犠牲者慰霊の日として広く浸透し、定着していると言っていい。

だが、昭和二十（一九四五）年のこの日、スッキリと戦いが終わったのかと問えば、答えは否である。樺太や北千島でのソ連軍との戦いはなおも続いていたし、太平洋上では、日本海軍の潜水艦がいまだ作戦行動中だった。それればかりか、日本本土上空でも日本軍機と連合軍機の烈しい空戦があり、双方に戦死者が出ているのだ。

昭和二十年七月二十六日、アメリカ、イギリス、中華民国の首脳が日本に向け、降伏を呼びかける「ポツダム宣言」を発した。日本政府は、日ソ不可侵条約を結ぶソ連の仲介による和平に一縷の望みを託し、またポツダム宣言が日本の国体、すなわち天皇を中心とする国家体制の維持について不確定な内容であったため、いったんは黙殺を決めた。

ところが、Ｂ－29が八月六日広島に、八月九日長崎に原子爆弾を投下、九日にはソ連が日ソ不可侵条約を一方的に破棄して対日戦に加わり、ポツダム宣言にも名をつらねる事態になると、もはや日本には、本土に敵大兵力を迎えての本土決戦か、ポツダム宣言を受諾して降伏するか、いずれかの道しか残されていなかった。日本政府は八月九日の御前会議で、「国体の護持」を条件にポツダム宣言の受諾を決定、十日、中立国スイス、スウェーデン経由で連合国に伝えられた。

八月十四日、日本政府は改めて御前会議を開き、ここで天皇自らの意思でポツダム宣言受諾が決定され、終戦の詔書が発せられた。そして八月十五日正午、天皇が国民にラジオを通じて終戦を告げた。「玉音放送」である。

日本がポツダム宣言を受諾したことは当然、連合軍にも伝わっている。だが、玉音放送に先立つ八月十五日午前五時三十分、敵艦上機百七十六機が、二波に分かれ、ダメ押しをするかのように関東上空に来襲、日本側の航空基地を爆撃した。霧の濃い早朝だった。

千葉県の茂原基地を発進した日高盛康少佐率いる第二五二海軍航空隊（二五二空）戦闘三〇四飛行隊の零戦十五機、神奈川県の厚木基地を発進した森岡寛大尉率いる第三〇二海軍航空隊（三〇二空）の零戦八機、局地戦闘機「雷電」四機がこれを迎え撃ち、三〇二空がグラマンＦ６Ｆヘルキャット戦闘機を四機、戦闘三〇四飛行隊が英海軍のスーパーマリン・シーファイア（スピットファイアの艦上機型）戦闘機一機、グラマンＴＢＦアベンジャー雷撃機一機、フェアリー・ファイアフライ複座戦闘機一機を撃墜した。この空戦で三〇二空は零戦一機、雷電二機を失い、搭乗員三名が戦死、戦闘三〇四飛行隊は零戦七機を失い、五名が戦死している。
「八月十四日の晩、太平洋を北上してきた敵機動部隊接近の情報がもたらされ、邀撃態勢をとることを命じられました。それと同時に、明日十五日正午、天皇陛下の重要放送があるから必ず聴くように、と言われましたが、出撃準備をしながらですから、まさかそれが終戦を告げるものだとは思わなかったですね」

と、この日、戦闘三〇四飛行隊零戦隊を指揮した飛行隊長・日高盛康少佐（一九一七－二〇一〇）は、筆者に語っている。戦闘三〇四飛行隊は、新型の零戦五二型丙、あるいは六二型約五十機を掩体壕に温存し、敵の本土上陸の際の主力戦闘機隊となるべく、茂原基地で訓練を重ねていた。

午前三時半、総員起床。ほどなく、索敵機による敵機発見の報告が入る。これは、午前四時半に房総半島沖のアメリカ、イギリス両海軍の空母を発艦した第一波の百三機だった。
「茂原基地を発進したのは五時半。高度を六千メートルにとり、編隊を組み終わったところで、東から敵機の大群が一つにかたまって向かってくるのが見えた。その数、百機以上。こちらは十五機。編隊空戦では、先頭を飛ぶ指揮官機が敵の一番機をまず狙うのが定石ですが、これだけ機数に差があると、まともに先頭を狙えば後続機にやられてしまう。それに、正面からぶつかれば太陽がまぶしくて不利。そう考えて敵編隊の最後尾を狙い、太陽を背にして後上方から突っ込みました」（日高さん）

しかし、零戦隊の襲撃に気づいた敵機は、すかさず反撃してきた。たちまち乱戦となり、早稲田大学出身の本間忠彦中尉機は、アベンジャー雷撃機に命中弾を与えたところで英海軍のシーファイア戦闘機に燃料タンクを撃ち抜かれ、炎に包まれた。本間中尉はからくも落下傘降下するが、顔に大火傷を負った。阿部三郎中尉機も潤滑油タンクを撃ち抜かれ、不時着。田村薫上飛曹機はシーファイア一機を撃墜したが、自らも被弾、墜落した。

吉田勝義飛曹長（一九二三－二〇一八）は、鹿島灘方面から侵入してくる敵機を房総半島の久留里上空、高度五千メートルで捕捉。一機を追尾して、敵機が機首を上げて反撃しようとした瞬間、二十ミリ機銃二挺、十三ミリ機銃三挺の機銃弾を撃ち込んだ。

「とたんに敵機の右主翼の三分の一と左水平尾翼が吹っ飛びました。墜落する敵機をかわして右下方に抜けたとき、後席の敵搭乗員が脱出し、黄色い落下傘が開くのがチラッと見えた。昭和十八（一九四三）年、豪州本土上空で何度も戦いましたが、イギリス軍の落下傘は黄色だったんです。敵機は、富津岬のあたりに墜ちていきました」（吉田さん）

吉田さんは、この敵機を「液冷エンジンの複座戦闘機」と記憶しているが、だとするとこれは、英海軍のフェアリー・ファイアフライ複座戦闘機である可能性が高い。

茂原基地が爆撃を受けたので、基地からの無線指示に従い、吉田さんは福島県の郡山基地に着陸した。郡山基地には、同じ二五二空に属する戦闘三一六飛行隊が駐留している。ここで吉田さんは、戦闘三一六飛行隊長・安部安次郎大尉に、「日本が戦争をやめるらしいぞ」と教えられた。夕方にも空襲警報があったが、なにごともないまま解除された。そのうち、「先ほど落下傘降下した英軍搭乗員を訊問するから木更津の憲兵隊まで出頭せよ」との要請が、吉田さんのもとへ届く。午後六時、夕暮せまる郡山基地を離陸。敵機の待ち伏せを警戒して迂回路をとり、筑波山を左に見ながら地上を望むと、船橋あたりだろうか、町の灯りが見える。ということは、灯火管制が解除されたのか。ほんとうに、戦争は終わったのか。吉田さんの心は乱れた。

「茂原基地に着陸すると、憲兵軍曹がサイドカーに乗って迎えに来た。しかし、憲兵のほうが飛行兵曹長（准士官）の私より階級が下なのに、ふんぞり返って『来てもらいたい』と横柄な態度。ムッとして、『断る！　帰れ』とその憲兵を追い返しました。ずっとあとになって、陸軍が訊問のあと捕虜を処刑し、そのことで香港で軍事裁判が開かれ、責任者二名が戦争犯罪人として絞首刑に処せられたことを知りました。あのとき、ついて行ったら戦犯の巻き添えになったかもしれん」

と、吉田さんは述懐する。この日の戦闘三〇四飛行隊の戦死者は、杉山光平上飛曹、田村薫上飛曹、増岡寅雄一飛曹、大上恵助一飛曹、小林清太郎一飛曹。全員が予科練出身、二十歳前後の下士官搭乗員だった。

戦闘三〇四飛行隊の空戦から約一時間後、こんどは敵機の第二波七十三機と、厚木基地を発進した三〇二空の零戦八機、「雷電」四機が藤沢上空で激突している。三〇二空は米海軍のグラマンF6F戦闘機四機を撃墜したが、零戦の田口光男大尉、「雷電」の蔵元善兼中尉、武田一喜上飛曹の三機が還らなかった。二度にわたる空戦で、米英の搭乗員も、処刑された者をふくめ十名が死亡した。

午前十時半にはさらに、茨城県の百里原基地から敵機動部隊に向け、特攻隊・第四御楯隊の艦上爆撃機「彗星」八機が出撃し、十八歳から二十五歳までの搭乗員十六名が戦死している。

降伏することを知りながら特攻を命じた司令長官

厚木の三〇二空では、終戦をめぐって叛乱事件も起きていた。正午の玉音放送が終るやいなや、徹底抗戦を主張する三〇二空司令・小園安名《こぞのやすな》大佐は、準備していた檄文《げきぶん》を全航空部隊に向け、無線で発信させた。次に国民向けにも抗戦を呼びかける大量のビラを用意し、八月十六日から十八日にかけ、飛行機を飛ばせて、北は北海道の函館から、南は九州の福岡、長崎までの日本各地に撒く。陸海軍のおもだった航空部隊には直接、飛行機を差し向けて、決起への参加を呼びかけた。

小園大佐は、「天皇に降伏はない」との強い信念をもっていた。政府や陸海軍上層部が、最後の勝利を信じさせ、大勢の若者を死地に追いやってきたいっぽうで、敵国と和議の交渉を進めていたことにも、深い憤りを感じていた。ポツダム宣言を受諾し降伏することは、日本の国土と、日本人の魂を、敵に明け渡すのに等しい。まずはクーデターを起こして海軍上層部を追放、さらには政府を更迭し、「大詔の再降下」（再開戦の命令）を得ることが、日本を守る唯一の道であると考えていたのである。

また十五日の夕刻、第五航空艦隊司令長官・宇垣纏中将は、大分基地より「彗星」十一機を率い、最後の特攻隊として飛び立った。宇垣中将はこれまで大勢の部下を死なせてきた責任をとるつもりであっただろうが、この出撃は、玉音放送後に若者を死地に追いやった「私兵特攻」として、いまもなお強い批判を浴びている。

当時、第五航空艦隊麾下の第七十二航空戦隊参謀だった黒澤丈夫《くろさわたけお》少佐（一九一三－二〇一一。戦後、群馬県上野村村長）は、

「私は同じ大分基地にいましたが、長官が行くなら一人で行け、と思い、見送りにも出ませんでした」

と語っている。

だが、玉音放送は国民に終戦を告げるものではあっても、陸海軍に対する「停戦命令」ではない。

大本営が陸海軍に、

〈停戦交渉成立ニ至ル間　敵ノ來攻ニ當《あた》リテハ止ムヲ得ザル自衛ノ為ノ戦闘行動ハ之ヲ妨ゲズ〉（停戦交渉が成立するまでの間、自衛のための戦闘は妨げない）

との条件付きで停戦の命令を出したのは、玉音放送の翌八月十六日午後のことである。八月十九日、海軍軍令部は、支那方面艦隊をのぞく全部隊にいっさいの戦闘行動を停止することを命じるが、その期限は八月二十二日午前零時であった。宇垣中将が責められるなら、八月十五日午前十時半、すでに降伏することを知りながら、百里原基地から特攻隊を出撃させた第三航空艦隊司令長官・寺岡謹平中将も、同様の責めを負わなければならない。

厚木の叛乱は結局、海軍の他部隊の賛同を得られなかった。私がインタビューした限りでは、長崎県の大村基地に展開していた第三四三海軍航空隊飛行長・志賀淑雄少佐（一九一四－二〇〇五）は、厚木からの使者を、

「わが隊は行動をともにしない。余計なことをするな、帰れ！」

と一喝して追い返したと言うし、福知山基地にいた筑波海軍航空隊飛行長・進藤三郎少佐（一九一一－二〇〇〇）も、

「厚木から、降伏の軍使を乗せた飛行機を撃墜しろ、と要請してきましたが、味方機を撃てるか！と断りました」

と振り返る。

谷田部海軍航空隊の小野清紀中尉（一九二一－二〇二〇）は、

「谷田部にも、三〇二空から予備学生出身の中尉が二〜三人来て、徹底抗戦のアジ演説をしました。そのとき、飛行長・下川有恒中佐が、谷田部空の若手士官を全員集めて、思う存分言いたいことを言え、と三〇二空の使者を囲んでディスカッションをさせたんです」

と回想する。この場にいた木名瀬信也大尉（一九一九－二〇一五）によると、三〇二空の使者の一人は、戦後、社会党に所属し、第二代武蔵野市長となった後藤喜八郎中尉だった。小野さんは、米国通でのちに女子大の英語教師となる木名瀬さんが、厚木の使者が叫ぶ抗戦の主張を、完膚なきまでに論破したことが印象に残っているという。

やがて、小園大佐が突然、高熱を発して惑乱（マラリアの再発と言われる）、病院に強制入院させられたことを機に、求心力を喪った厚木の叛乱は収束。関係者はそれぞれ軍法会議にかけられ、士官は官位剥奪、下士官兵は三階級降等のうえ、禁錮などの刑に処せられた。

「それ、やっつけろ！」やる気まんまんの搭乗員たち

日本本土上空の戦いはなおも続く。〈自衛ノ為ノ戦闘行動ハ之ヲ妨ゲズ〉とされていた八月十七日、南九州に飛来した米軍機を、大分県宇佐基地の第二〇三海軍航空隊戦闘三〇三飛行隊の零戦が邀撃、馬場八郎一飛曹、柏原省一二飛曹が戦死。同じ日、日本占領に備え、関東上空を偵察飛行した米陸軍の四発爆撃機・コンソリデーテッドB－32ドミネーター四機を、三〇二空の零戦十二機が邀撃している。B－32は、もとはB－29との競合機として開発された大型爆撃機で、終戦直前に実戦配備が始まったばかりの新型機であった。

翌八月十八日には、同じく関東上空に飛来した二機のB－32を、横須賀海軍航空隊（横空）の零戦、「紫電改」、「雷電」、計十数機が邀撃した。横須賀基地では、終戦が告げられてもなお、機銃弾を全弾装備した戦闘機が飛行場に並べられ、搭乗員たちはやる気まんまんで指揮所に待機していた。

「敵大型機、館山上空を北上中」

続いて、

「千葉上空を南下中」

との情報に、搭乗員たちは色めきだった。

「それ、やっつけろ！」

飛行隊長・指宿正信少佐が、「よし、上がれ！」と指令したが、そのときにはすでに、国分道明大尉ら数名が、飛行機に向け走っているところであった。塚本祐造少佐、岩下邦雄大尉、二人の分隊長もこれに続く。みな、心に迷いはなく、燃える敵愾心だけがあった。

この日、B－32にまっさきに攻撃をかけたのは、初陣の多胡光雄《たごみつお》大尉（一九二四－二〇一〇）である。当時二十一歳、ベテラン揃いの横空でなかなか出番に恵まれない多胡大尉は、誰も乗らなくなっていた旧式の零戦三二型を整備し、テスト飛行を兼ねてひと足先に離陸したところで、B－32と遭遇したのだ。

「高度六千メートルに上昇したとき、『カモ二機、館山上空を北上中』と、地上指揮所から無線電話の声が聞こえました。『カモ』とは、敵機を指す符号です。続いて、『カモを発見次第、撃墜せよ』との命令がはっきり聴こえた。はるか東京湾の南方を見ると、敵大型機が単縦陣で北上してくる。碧《あお》い東京湾と晴れた空、緑の房総半島、ちぎれ飛ぶ白い夏雲……そのなかを、日差しを反射して銀色に輝く敵大型機が飛ぶさまは、思わず見とれるほど美しかったですね。

敵機の高度は約三千メートル。私は、千葉上空で敵の一番機に狙いを定め、真上から垂直降下で攻撃しました。距離五百メートルから撃ち続けると、機銃弾が命中したらしく、敵機の右内側のエンジンから、もくもくと黒煙が吹き出すのが見えた。そのまま降下して敵機の腹の下に出て、こんどは前下方からの攻撃でとどめを刺そうとしたんですが、弾丸が出ない。故障かと思いましたが、すでに機銃弾を撃ち尽くしてたんです。敵機はここで針路を変え、南へと逃げ始めました」（多胡さん）

敵機発見の情報を受け、発進した分隊長・岩下邦雄大尉（一九二一－二〇一三）は、

「迷いは全然ない。だってまだ停戦命令を受けてませんから。私は零戦五二型に乗って発進、三浦半島上空で南下してくる敵機を待ち受け、後上方から肉薄して、至近距離で機銃の発射把柄を握った。ところが機銃が故障していて弾丸が出ないんです。あれは悔しかった。その様子はちょうど横須賀基地から見えていたらしく、あとで飛行隊長の指宿少佐に、『分隊長、いいところにつけていたのに、惜しかったなあ』と言われましたよ」

と言う。

八月十九日朝、戦闘機のプロペラが外される

小町定《こまちさだむ》飛曹長は紫電改に、坂井三郎少尉、大原亮治上飛曹は零戦五二型に搭乗し、それぞれ敵機に命中弾を与えたのを確認している。

「それ、やっつけろ！　と、みんな気が立っていますから、われがちに飛び上がった。私は紫電改に乗って、真っ先に離陸しました。誰からも命令された覚えはないし、いちいちお伺いをたてている暇なんかありません。千葉の方角から南下してゆく敵機に、東京湾の出口付近で追いついて、ラバウル、トラックで鍛えた直上方からの攻撃で一撃。敵機の左主翼のつけ根あたりに二十ミリ機銃弾が炸裂するのが見え、黒煙を噴き出しました。余勢をかって急上昇して、伊豆半島の上でもう一撃。相手はとにかく、降下しながら全速で逃げるものだから、紫電改でも二撃が精いっぱいでした。零戦だったら、とてもあそこまで追えなかったと思います」（小町定さん・一九二〇－二〇一二）

「私は零戦五二型に飛び乗って単機で離陸しました、相模湾上空で敵機を発見し、そいつを追いかけて、とりあえず浅い後上方から一撃をかけた。機を引き起こすとき、あれ、これはいままでの敵機とは違うぞ、と思いました。巨大な垂直尾翼が印象的でしたね。敵機の動きを注視しながら高度をとり、こんどは伊豆大島上空で直上方から攻撃しました。敵機は煙を噴きながら逃げるばかり……。これは硫黄島の基地まで飛べないだろうと思い、三撃めは『もういいや』と、遠くから撃って引き返しました」（大原亮治さん・一九二一－二〇一八）

「最後の空戦になると思いましたから、もっとも愛着の深い零戦に迷わず乗った。無線誘導ですぐに敵機を発見しましたが、味方機が次々にとりついていて、なかなか攻撃の順番がまわってこない。私は右後上方から攻撃をかけたんですが、味方機と交錯してミスってしまった。誰かが有効弾を与えたらしく、敵機は左の主翼から黒煙を曳いて逃げようとする。私は大島を過ぎたあたりでようやく追いつき、最後の二十ミリ機銃弾を発射した。三宅島の手前まで追いかけましたが、弾丸を撃ち尽くした

ので、最後まで粘っていた小町機と合流して還りました」（坂井三郎さん・一九一六－二〇〇〇）

搭乗員たちは、横須賀基地に帰投してはじめて、先ほどの敵機が初見参のB－32であったことを知った。B－32はいずれも墜落は免れたものの、機銃の射手・アンソニー・マルチオーネ軍曹が機上戦死した。余談だが、マルチオーネ軍曹の娘は日本人と結婚し、戦後半世紀あまりを経て、女婿が小町さんと東京で対面している。

——翌朝、いつものように飛行場に出た搭乗員たちが見たものは、飛べないようプロペラとスピンナーが取り外された零戦や紫電改の姿だった。

八月十五日。この日をひとつの区切りとして、「あの戦争」に思いを馳せ、平和の尊さを考えるのは意味のあることだ。だが、「終戦の日」当日やその後にも、日本本土上空で戦いがあり、敵味方の若い命が失われたことは、ぜひ記憶にとどめておきたいと思う。

「戦争を伝える」ことを、夏の風物詩で終わらせてはならない。

昭和20年、二五二空戦闘第三〇四飛行隊の零戦

昭和20年８月15日の空戦で敵機を撃墜した吉田勝義飛曹長

終戦の日まで零戦隊を率いて戦った、戦闘第三〇四飛行隊長・日高盛康少佐

谷田部海軍航空隊の小野清紀中尉

徹底抗戦の呼びかけを論破した谷田部海軍航空隊の木名瀬信也大尉

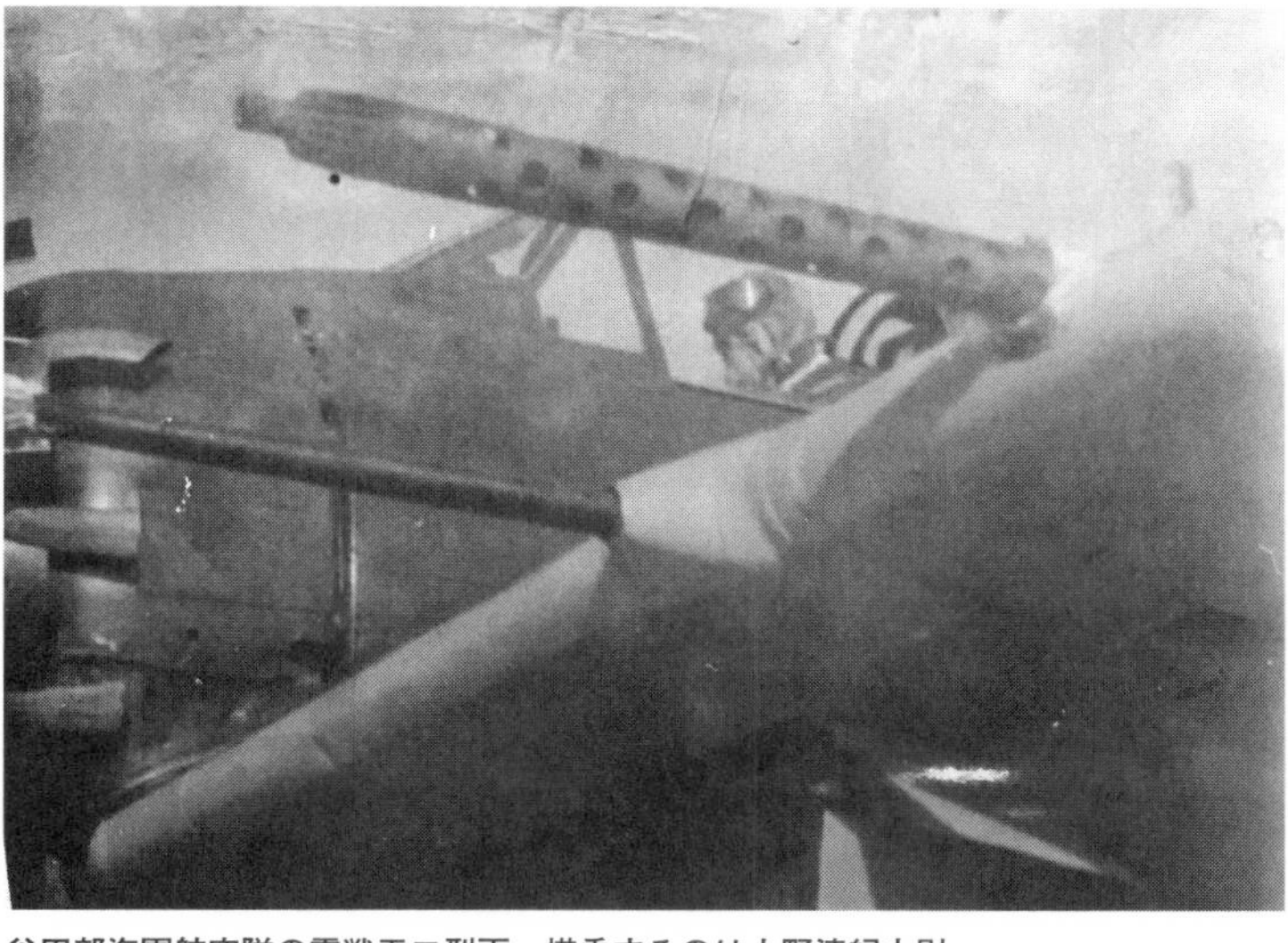

谷田部海軍航空隊の零戦五二型丙。搭乗するのは小野清紀中尉

昭和20年8月18日、日本海軍最後の空戦に参加した横須賀海軍航空隊（横空）・小町定飛曹長

横空分隊長・岩下邦雄大尉

横空先任搭乗員・大原亮治上飛曹（のち飛曹長）

横空分隊士・坂井三郎少尉（のち中尉）

昭和20年の横須賀基地。「紫電改」や零戦の姿が見える。灰色の零戦が多胡大尉が搭乗した零戦三二型

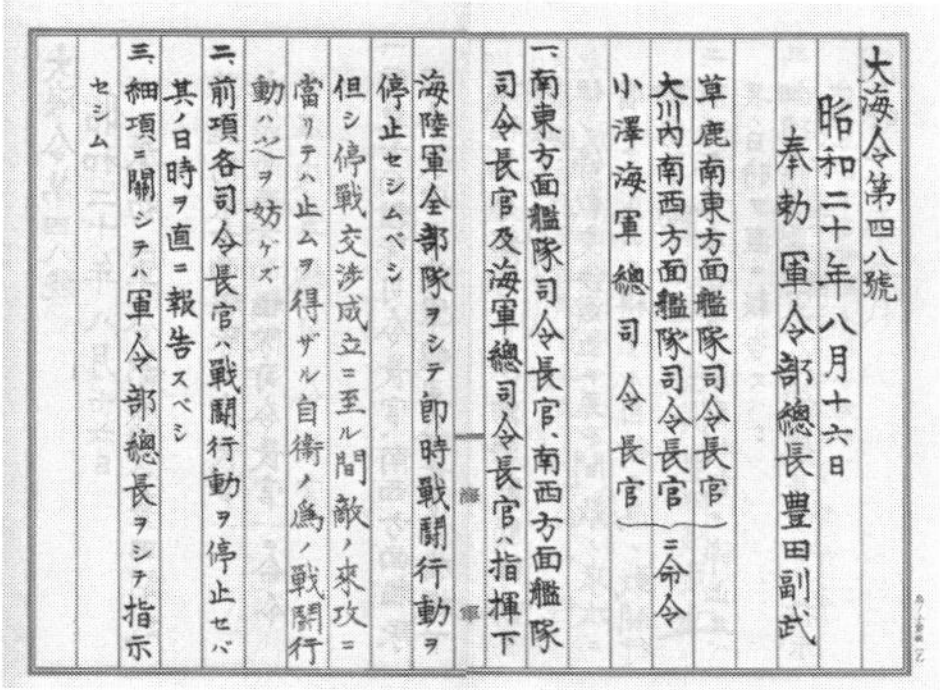

大海令第四八號

昭和二十年八月十六日

奉勅 軍令部總長 豊田副武

草鹿南東方面艦隊司令長官
大川内南西方面艦隊司令長官
小澤海軍總司令長官 ニ命令

一、南東方面艦隊司令長官、南西方面艦隊司令長官及海軍總司令長官ハ指揮下海陸軍全部隊ヲシテ即時戰闘行動ヲ停止セシムベシ

但シ停戰交渉成立ニ至ル間敵ノ來攻ニ當リテハ止ムヲ得ザル自衛ノ爲ノ戰闘行動ハ之ヲ妨ゲズ

二、前項各司令長官ハ戰闘行動ヲ停止セバ其ノ日時ヲ直ニ報告スベシ

三、細項ニ關シテハ軍令部總長ヲシテ指示セシム

昭和20年8月16日午後に発せられた「大海令」第四十八號。「自衛の為の戰闘行動は之を妨げず」とある。一切の停戦が令せられたのは8月22日0時であった

昭和20年8月18日、日本機の邀撃を受けた米陸軍の大型爆撃機・B-32

第十章

秘密裏に三十六年間も遂行されていた「皇統護持作戦」とは？

終戦から四日後の夜、秘密作戦は発動した

日本がポツダム宣言受諾を決定した段階から、占領軍によって天皇を処刑される最悪の事態に備えて、皇統を護持する作戦が秘密裏に遂行されていた。密命が下されたのは、終戦の直前まで、米航空部隊の迎撃に当たっていた切り札的航空隊だった。そして、その作戦終了が宣言されたのは、なんと三十六年後の昭和五十六（一九八一）年。巷《ちまた》では、『ルビーの指輪』が大ヒットし、トシちゃん、マッチが大人気。『窓際のトットちゃん』『なんとなくクリスタル』がベストセラーとなり、テレビでは、「オレたちひょうきん族」「なるほど！ザ・ワールド」が始まった年だった。

月齢十一の月の光が差し込む薄暗い道場の畳の上に、草色の第三種軍装に身を固めた海軍軍人が二十三名、威儀を正して座っている。一人一人の傍らには軍刀と、鈍く光る拳銃が置かれている。上座には、第三四三海軍航空隊（三四三空）司令・源田實大佐、その傍らには飛行長・志賀淑雄少佐。残る二十一名の目は、司令の一挙一動に注がれている。

昭和二十（一九四五）年八月十九日、午後八時過ぎ、海軍大村基地の裏手、福重地区の山の中ほど

にある健民道場。彼らは、源田司令とともに自決するためにここに集まったのだ。

源田司令が、

「残念ではあるが、ついに刀折れ矢尽きた。私は、護国の大任をはたせなかった責めを負い、自決する。命をともにしてくれることを嬉しく思う」

と、簡潔な自決の辞を述べると、要務士・中島大次郎少尉、渡辺孝士少尉の手で恩賜の酒が盃に注がれ、別杯の儀式が行われた。拳銃で自決するときは、こめかみを撃つと手が滑って仕損じることがあるので、銃身を口にくわえて頭を撃ち抜くよう、海軍では教えられている。志賀飛行長が「各自拳銃に弾丸を込め」と命じ、各々が自分の拳銃に弾丸を装填する。そして源田が拳銃を手に取り、部下たちもこれに続こうとしたとき、

「待て！」

と、低いが気迫のこもった声で、志賀が制した。

「司令よりお話がある」

一瞬の沈黙のあと、源田がふたたび口を開いた。

「私はいま、命も名もいらぬ同志が欲しかった。試すような形になった事をお詫びする。われわれは、ある命令により、死以上に勇気のある困難な重大任務に入る。この任務は生やさしいことではない。達成に何年を要するか、配置によっては土地の職業人に成りきり、自活覚悟を求める。作戦は今夜直ちに発動する。ほかの隊員からは明日逃亡の誹《そし》りを受けることも覚悟し、もちろん他言無用と心得て、作戦命令の成功まで、肉親友人にも絶対秘密を洩らさぬ誓いを求める」

——これが、戦争終結後、三四三空が任じることになった新たな「秘密作戦」の始まりだった。

三四三空は、軍令部参謀だった源田實大佐の、〈精強な戦闘機隊をもって敵機を片っ端から撃ち墜とし、制空権を奪回して戦勢回復の突破口に〉との構想から、新鋭戦闘機「紫電改」を主力兵器として昭和十九（一九四四）年十二月に編成された、日本海軍の最後の切り札的航空隊だった。

本拠地を愛媛県の松山基地（現・松山空港）に置き、司令・源田實大佐、副長・中島正中佐（のち相生高秀少佐）、飛行長には、海軍航空技術廠で、テストパイロットとして紫電改を育て上げた志賀淑雄少佐がそれぞれ着任した。

戦闘機隊の主力は、戦闘第七〇一飛行隊（飛行隊長・鴛淵《おしぶち》孝《たかし》大尉）、戦闘第四〇七飛行隊（飛行隊長・林喜重大尉）、戦闘第三〇一飛行隊（飛行隊長・菅野《かんの》直《なおし》大尉）の三個飛行隊で、それに偵察機「彩雲」で編成された偵察第四飛行隊、錬成部隊として戦闘第四〇一飛行隊が加わった。

三人の飛行隊長は、いずれも源田司令みずから調査、指名したつわもの揃いで、新人搭乗員も多いが、真珠湾やラバウル以来の歴戦のパイロットも少なくない。志賀少佐の回想——。

「士気はきわめて旺盛でした。松山に着任したとき、若い三人の隊長——鴛淵二十五歳、林二十四歳、菅野二十三歳——に、紫電改や空戦についての注意事項を教えようとしたら、みんな馬耳東風、全然相手にしてくれない。私は当時三十歳、まだまだ飛ぶつもりでいたんですが、これは俺の出番はないな、現場監督に徹しようと。鴛淵は知将、林は仁将、菅野は勇将、その異なった個性が、みごとなチームワークを生んでいました」

三四三空の初陣は、昭和二十年三月十九日のことであった。

「古来、これで十分という状態で戦を始めた例はない。目標は敵戦闘機」

源田司令の訓示である。

この日、呉方面に敵機動部隊来襲の報に、満を持して発進した紫電改五十四機、紫電七機は、圧倒的多数の敵艦上機群と空戦、五十二機の撃墜戦果を報告した。損失は十六機（敵発見を報じたのちに撃墜された偵察機一機をふくむ）、地上大破五機だった。空戦に戦果誤認はつきもので、実際には敵味方の損失はほぼ同じであったという戦後の検証もあるが、敗色濃厚なこの時期、しかも戦力差を考えればかなりの善戦といえた。

「この日の空戦は、地上からもよく見えました。敵機が来たときには、こちらはすでに発進を終え、ちょうどよい間合いで待ち構えている。司令と並んで、始まりますよ、と見ていると、一撃するごとに敵機が調子よく墜ちてゆく。『これは開戦時の再現ですよ』と司令に言った記憶がありますが、結局、そのあとが続かなかった」（志賀少佐）

四月に沖縄戦がはじまり、「菊水作戦」と称して大規模な特攻作戦が実施されるようになると、三四三空も沖縄方面の制空戦に参加した。並行して、本土上空に来襲する米陸軍の大型爆撃機・ボーイングB－29の邀撃、海上に不時着水した敵パイロットを救助するため飛来する飛行艇狩りなど、本来の任務を超えて酷使されるようになる。三四三空の主力は鹿児島県の鹿屋、国分、長崎県の大村と移動を重ねた。米軍機の空襲は間断なく続き、熾烈な戦いに、隊員たちは次々と斃れていった。

「四月二十一日に林喜重大尉、六月二十二日にその後任の林啓次郎大尉、七月二十四日に鴛淵大尉、八月一日に菅野大尉と、飛行隊長の戦死が続き、六月頃になると飛行機や部品、搭乗員の補充もままならなくなった。燃料も足りない。機銃弾も、戦前にスイス・エリコン社から輸入したもののなかには腔内《とうない》爆発（銃身内爆発）するおそれのあるものがあり、使用厳禁、となっていましたが、それが大村の第二十一航空廠の倉庫から間違って出てしまった。菅野が戦死したのはそのためでした……」

と、志賀少佐は回想する。菅野大尉は八月一日、屋久島北方で、米陸軍の大型爆撃機・コンソリデーテッドB－24の編隊を攻撃中、二十ミリ機銃の腔内爆発で主翼に大穴が開き、空戦場から離脱して単機になったところを、ノースアメリカンP－51戦闘機に撃墜されたと推定されている。

天皇の処刑をふくむ最悪の事態に備えて

八月六日、広島に「新型爆弾」が投下された。はじめのうち、この爆弾が原子爆弾であることはわからなかったが、その被害が深刻なことは大村の三四三空にも伝えられている。だがこの頃になると、燃料不足のために邀撃《ようげき》も思うに任せず、三四三空では飛行作業を一日おきに休まざるを得ない状況だった。そして八月九日、飛行止めで搭乗員たちが大村基地の裏手の山にピクニックに出ていたまさにそのとき、目と鼻の先である長崎に、二発めの原子爆弾が投下されたのだ。

大村基地に、一機の輸送機が前触れもなく着陸してきたのは、八月十四日、午後二時頃のことだった。

志賀少佐は、誰か参謀でも来たかと思い、自動車をそちらに差し向けた。大村基地では防諜上の理由から、隊への訪問者は必ず志賀少佐を通して指示をうけることになっている。だが、その車は、客を乗せたまま目の前を素通りして行ってしまった。

「戦闘七〇一飛行隊の山田良市大尉が最初に応対したんですが、『俺は勅任官だ。司令に会いたい』と、横柄な態度だったらしい。それで、車が司令のいる防空壕に着く頃を見計らって――というのは、私からの電話の内容がそのまま防空壕のなかに放送されるからなんですが――電話を入れた。『いま、そちらに向かった男は、きわめて傲岸不遜なる不審な男である。よく確かめて司令にお通しせよ』。しばらくして、『飛行長来れ』という連絡がきたから、あれ、怒ったかな、と思いながら急いで車で司令の防空壕に行くと、ちょうど入れ違いに、白い司令専用車に人品骨柄卑しからざる人物が乗りこみ、司令が目礼して見送るところでした」

この男は、川南豊作（一九〇二－一九六八）。長崎の造船会社・川南工業の社長である。俗に「箱舟」とよばれる輸送船（構造を簡略化した戦時標準船）の大量建造で財をなし、軍令部顧問の肩書きももっていた。のち、昭和三十六（一九六一）年には、元陸軍少将・桜井徳太郎、五・一五事件の首謀者・三上卓らとともに、「三無《さんゆう》事件」というクーデター未遂事件で投獄される。「三無」とは、「無戦争、無失業、無税」の社会を天皇を中心につくるという、川南の思想に由来する。

源田司令は、志賀少佐を壕に招き入れると、

「明日、終戦の御詔勅がくだる」

と、いま、川南がもってきたばかりの情報を伝えた。

「そのとき私は、『そうですか、よかったですね』と言ったのを憶えています。司令はそれに対して何も言いませんでした」

と、志賀。このときからの三四三空の動きは、生存者のあいだでも、特に日付、前後関係の記憶が

まちまちで、確かな記録も残されていないが、志賀少佐、山田良市大尉（戦後航空幕僚長）ほかの記憶をすり合わせた結果は、こうである。

八月十五日、玉音放送は、大村基地にいる三四三空搭乗員のほとんどが、飛行場に整列して聴いた。その後、司令の訓示があったが、巷間伝えられる〈わが三四三空は断じて降伏しない〉という、抗戦の意思表示についての記憶は、志賀にも山田にもない。そして十五日午後、司令は状況を確かめに、大分基地にあった第五航空艦隊司令部に飛んだ（三四三空戦友会が著した『三四三空隊誌』によれば十六日）

司令の留守中、志賀少佐は、隊員の士気を弛緩させないためと、自分が命を懸けて育てた紫電改との今生の別れのつもりで、可動機全機、約十八機を率いて「総飛行」をおこなった。

「この頃は、多くても十八機揃えるのが精いっぱいでした。ここで事故でも起こされたらいい笑いものだから、飛行場のまわりを一周して着陸しただけですが、これが見る人によっては、抗戦のデモンストレーションととられたのかもしれません」

前後して、戦争継続を叫び、叛乱をおこした厚木の第三〇二海軍航空隊から、徹底抗戦の呼びかけの使者が飛来したが、志賀少佐が、「三四三空は行動をともにしない。余計なことをするな。帰れ！」と一喝し、追い返している。

八月十七日、源田司令は戦闘三〇一飛行隊の松村正二大尉を随伴させ、自ら紫電改を操縦、横須賀に向かって飛び立った。源田が、大村基地に帰ってきたのは八月十九日午前のことである。出迎えた志賀少佐に、源田は開口一番、

「お前、俺に命をくれるか」

と言った。

「あげられません。話の内容を聞くまでは、命は差し上げられません」

志賀は答えた。そこで源田は、東京で授けられてきた極秘任務の構想を打ち明けた。

その要旨はこうである。

近く連合軍が進駐してきて日本は占領されるが、天皇および国体（天皇を中心とする国家体制）の処遇に対しては、不透明なままである。天皇の処刑をふくむ最悪の事態になった場合にそなえて、皇統を絶やさず国体を護持するため、皇族の子弟の一人をかくまい、養育する。その行在所《あんざいしょ》の候補地として、熊本県五箇荘があがっている――。

「はじめは半信半疑でしたね。しかし、それならば、人選もふくめ私にお任せください、ということで、方法を考えたんです」

志賀は、

「川南さんが、東京の米内光政海軍大臣か高松宮、あるいは軍令部作戦部長・富岡定俊少将より司令の上京をうながす使者であったと思います」

と推察するが、実際には十六日、富岡少将より、大分基地の第五航空艦隊司令部にいた源田司令に直接、連絡があったもののようである。この極秘任務を三四三空に与えた理由として、戦後、刊行された書物のなかには、「抗戦派」とみられた源田大佐をおとなしくさせるための、〈毒をもって毒を制する〉妙案と書かれたものもあるが、志賀はその説を真っ向から否定する。

「それは絶対にありません。戦闘四〇七整備分隊長の成松孝男大尉が、紫電改のなかで自決しようとしたり、細かなトラブルはありましたが、三四三空で『抗戦』という動きは天地神明に誓ってありませんでした。司令は余計なことを言わない人で、はかりがたい面もありましたが、終戦を受け入れるということに関しては、完全に私との間で意思の統一ができていました。〈毒をもって毒を制する〉とはうがちすぎですよ。むしろ、優秀な隊員を数多く揃えていて実行力がある、そこを見込まれたんじゃないでしょうか」

当時、三四三空が属していた第七十二航空戦隊参謀であった黒澤丈夫少佐も、

「少なくとも第五航空艦隊（七十二航戦はさらに五航艦に属していた）麾下《きか》の部隊で、抗戦論、というのは聞いたことがありません」

と証言している。少なくとも、三四三空の幹部の意思は、かなり早い時期から終戦容認の線でまとまっていたとみて、間違いはなかろう。

真相を知らされた隊員たちは新任務に奮い立った

話を八月十九日の大村基地に戻す。

この日の昼、飛行場に三四三空の全搭乗員が集められ、源田司令が部隊解散の訓示をした。降伏は天皇自らの御聖断によるものであることを述べ、

「諸君は直ちに帰郷して祖国再建に立ち上がって欲しい。恐らくこの世の中で諸君と再び会うことはないと思う、皆元気で、自分の志に進んで欲しい」

そして、総員に「本日ただいまより休暇を与える」と締めくくった。これも、千名近くが集まったと書かれたものがあるが、

「我々は大村基地に間借りしている身で、各飛行隊、搭乗員と機付の整備員、あとは要務士ぐらいしかいません。せいぜい百数十名ぐらいでした。本隊は松山基地にあって、副長も軍医長も主計長もそちらにいるんですから。とにかく人数はそんなに多くありませんでした」

と、志賀は言う。

訓示が終わり、司令が号令台から降りると、志賀が、

「解散。ただし搭乗員、准士官以上残れ」

と命じた。

「そして、残った者に、『司令は自決される。お供したい者は午後八時に健民道場に集まれ』と、余計なことは言わず、それだけ伝えた記憶があります。司令とは事前に打ち合わせをして、『自決の直前までもっていきますから。みな拳銃に弾丸は込めさせます。銃をとるとき、私が〝待て〟と声をかけますから、そこでほんとうのことをおっしゃってください』と。それで、集合した隊員たちに、考え直す時間を与えなきゃいけませんから、あと何分したら――私は気が短いから五分と言ったと思いますが――決行するから、それまで用を足すなり自由にしろ、妻帯者と長男は帰れ、と。再度集合するまでに、何人かは帰ったようですね。で、集まりまして、司令から訓示があり、まず別杯、ついで拳銃に弾丸を込めろと命じ、込め終わったところで、『待て!』と、こう言ったんです」

このときの模様を、戦闘三〇一飛行隊整備分隊長・加藤種男大尉(戦後会社役員)が記録してい

る。平成十一（一九九九）年、志賀の紹介をうけ、私が京都市に暮らす加藤大尉方に電話をかけたとき、加藤はやや狼狽した様子で、

「あなた、どこまで知ってるんですか。ほんとうに飛行長が話を聞けと言われましたか」

と、はじめは躊躇《ちゅうちょ》したようだったが、やがて重い口を開き、さらに手記を郵送してくれた。〈私はいま、命も名もいらぬ同志がほしかった〉という、冒頭に記した源田司令の言葉は、加藤の手記に拠っている。

ことの真相を知らされた隊員たちは、思いもよらなかった新任務に奮い立った。

「全員興奮のなか、自決の場所は一転して作戦会議の場となった。ただちに配置が決定されました」

と、加藤大尉は回想する。この場に参加していた戦闘第七〇一飛行隊分隊長・山田良市大尉は、

「源田司令が自決する、というから、そうか、と。先輩やクラスメート、部下、みんな死んでしまって、自分だけ生き残っても仕方がない。いまさらゲリラ戦をやってもはじまらん。

司令に心服していて、源田さんが死ぬんなら自分も死のう、と。ぼくは馬鹿だったかもしれん。いつでも戦さで死ぬ覚悟はしてたから、そんなに深刻には考えなかったですね。ピストルを持って集合場所の健民道場に行き、満天の星――その夜はまた、特にきれいだった――を眺めながら、『生死一如』というけど、そんな悟りも開けぬまま、とうとう死ぬわい、と。拳銃で死ぬのは痛そうだけど仕方ないな、なんて思いながら、さばさばした気持ち。源田さんがあとで、お前、あのときニコニコしとったな、と言ってましたが。

別杯の酒がうまかったのは妙に憶えています。それで、弾丸を込めていざ自決、というときに、

『待て！』となったわけです。死なずにすんだけど、そのときは『源田さんひどい。大石内蔵助の真似したな』、率直にそう思いましたよ」

と振り返る。

一同のなかには、二日前に大村基地に着任したばかりで、司令、飛行長と話をしたこともなかった向井壽三郎大尉（戦後書店経営）もいた。向井大尉は、突然の自決話に戸惑いながらも、士官としてのプライドからか、退出のチャンスにも体が金縛りにあったように動けず、その場に残って自決組に加わることになったと言う。

また、一度は健民道場に集合したものの、再集合の場に加わらなかった戦闘三〇一飛行隊の宮崎勇少尉（戦後酒店経営）は、

「同じ飛行隊の柴田正司少尉と一緒に、拳銃を持っていきました。源田司令は軍刀に白いさらしを巻いたのを手に、自動車で来ましたね。それで、みんな集まったところで、妻帯者や長男は帰れと、いったん解散したんです。柴田さんと、『どうする？』『帰れと言うんなら帰ろうや』と、そのまま帰ることにしました。なんで死ぬのか、ピンと来んかったし」

と語っている。

歴戦の搭乗員の誇りから、拒否した者もいた

こうして、「皇統護持作戦」に必要なメンバーは揃ったが、この「忠臣蔵」のような人選のやり方は、参加しなかった隊員たちに少なからず不快感をいだかせ、禍根を残した面があったのは否定できない。

戦闘第七〇一飛行隊の佐々木原正夫少尉（戦後森永製菓勤務）の記憶は、志賀少佐の回想とは少しニュアンスがちがう。

「私は、司令が自決されるから、搭乗員総員、拳銃を持って道場に集まれ、と聞いたと記憶しています。われわれにとっては寝耳に水で、なんで自決しなきゃいけないんだ、と反発しましたね。

いままで、命が惜しくて戦争やってたんじゃない、飛行機で死ぬのならいつでも死んでやる。負けたといっても、俺たちが負けたわけじゃない。一生懸命やるだけやったじゃないか。それを、国が負けたからって自決せよとは何ごとだ、と、私ら行かなかったんです。部下たちも、戦って死ぬのならいいけど、いったい何の責任をとって自決しなきゃいけないんですか、とみんな言ってました。

同じ七〇一飛行隊の村中一夫少尉は行きました、拳銃持って。だから、村中さん死んだのか、じゃあ遺品を山分けしようと、残った者たちで話してたら、誰も死なずに宿舎に帰ってきた。村中さんに『何の話だった？』と訊いても『うん』と生返事するだけで何も言わない……」

よほど思うところがあったのだろう。佐々木原の口調は、だんだん熱を帯びてきた。

「後になって、これは『皇統護持の秘密作戦の人員を選抜するための芝居』だったという事情はわかりましたが、まったくね、赤穂浪士じゃあるまいし、まるで人格を疑って試されたみたいで不愉快でしたよ。戦後、志賀さんに、あんなカラクリで私らを騙したんですか、と食ってかかったことがあります。誰だって自決なんてくだらないと思う、それより、部下を無事に帰してやるのがほんとうじゃないですか、と。

みんな、戦争をやってきた搭乗員ばかり。役に立ってきた自負があります。それならそうと、ちゃんと命令してくれれば不服は言いません。せめて分隊士以上にでも話してくれればよかったと思います。しかし、ただ自決、と言われてもね、理由もなく自決なんてできるもんですか」

搭乗員たちに話が伝わるうちに、「司令と行をともにする者のみ」から「搭乗員総員」へと話がふくらみ、誤解を生じたのかもしれない。志賀は、

「不満はいっさい、私が負います。それほど大切な問題でしたから」

と言う。しかし、歴戦の戦闘機乗りとしての誇りが自決を拒んだ、佐々木原の気持ちは痛いほどに察せられた。

九州山間部の秘境に行在所を探す

では、「皇統護持作戦」でかくまう皇族は誰だったか。実は、これが、当事者の間でもはっきりしない。当時八歳の北白川宮道久王（戦後、皇籍離脱。のちに伊勢神宮大宮司をつとめる）であったとの説もあるが、志賀少佐は「皇女」ときかされており、ほかの隊員たちには何も伝えられていなかった。秘密任務の常として、自分の持ち場に必要なこと以外は、たとえ隊員であっても知らされることはなかったのだ。

皇統護持の大任を担った源田部隊は、総勢二十三名（のち、元副長・中島正中佐が加わり、除名者も出るので若干の増減がある）。山口班、広島班、鹿児島班、熊本班、東京班の五班に分けられ、山田良市大尉、村中一夫少尉の二名は、八月二十日、大村基地にあった零戦に乗って、隊員二十三名の連判状を東京の富岡少将に届ける。二十日夜には、加藤種男大尉以下数名が、トラックに物資を満載

して熊本に向け出発する。

志賀少佐は、それらを見送ったあと、「山口班」の指揮官として、八月二十一日に戦闘三〇一飛行隊の磯崎千利大尉、要務士・中島大次郎少尉をつれて山口の生家に帰り、そこで待機することになった。ところが一週間後、ラジオで志賀に原隊復帰の命令が出ていることを知り、ふたたび大村基地に舞い戻る。以後、皇統護持作戦に気を配りつつも、大村基地の終戦処理にあたることになった。九月十四日、大村に米軍が進駐。志賀少佐は、空母「加賀」戦闘機分隊長として参加した真珠湾攻撃に関する事情聴取を受けたのち、十月十六日、米軍に引き渡す紫電改を横須賀に空輸する任務についた。

その間にも、皇統護持作戦は、秘密裏に活動が続けられている。

当初、行在所の候補地とされた五箇荘《ごかのしょう》は、熊本県と宮崎県の県境近く、平家の落人がのがれてきたと伝えられる土地で、平家の子孫とされる人たちが暮らしている。

ただ、この地を調査した加藤種男大尉が見たところ、五箇荘も「秘境」というわけではなく、皇族をひそかにかくまう目的に適した土地とは言いがたかった。隊員たちはさらに、皇室発祥の地とされる高千穂をはじめ、南九州の各地に行在所の適地をもとめて潜行したが、条件に合う場所はなかなか見つからず、候補地選びは困難をきわめた。山田良市大尉は、

「行在所の候補地を調査するため、宮崎県米良などの山間の秘境をまわり、熊本、大分、宮崎の三県にまたがって歩きましたが、案外近いもんでした。もしどこかにかくまったとしても、見つけ出すのはたやすかったでしょうね」

と回想している。

源田部隊の本隊は、九州各地の調査状況を集約し、東京と連絡するにも好都合な、大分県の佐賀関に置かれることになった。中央の情勢を把握するため、整備主任・古賀良一大尉と戦闘三〇一飛行隊・中西建造大尉を宮内省に、東京帝大卒の通信長・黒葛原伉大尉を同盟通信社に、それぞれ、いわば諜報員として送り込む。だが、昭和二十年十月には、熊本県警が源田部隊の不審な動きを察知し、内偵をはじめたとの情報が入った。連合国軍最高司令官総司令部（ＧＨＱ）が、源田大佐の身柄を探しはじめたのだ。

紆余曲折を経て、宮崎県の杉安（現・西都市）が行在所の候補地に選ばれたのは、十一月上旬のことだった。加藤種男大尉、戦闘七〇一飛行隊・大村哲哉大尉、戦闘三〇一飛行隊・掘光雄飛曹長の三名が、杉安で、皇族受け入れに備えて、当地にあった和田旅館二階の二室を根拠地として自活態勢に入り、行在所の建設を始めた。杉安と本隊との連絡には、要務士・渡辺孝士少尉があたる。翌昭和二十一年四月、「特攻の父」大西瀧治郎中将夫人・淑惠が杉安に来て、数ヵ月にわたり隊員たちの身の回りの世話をしたという。

志賀少佐の回想——。

「（昭和二十年）十月下旬、大村基地にいた私のもとに、北九州の門司に行けとの連絡があり、行ってみると、大型船を操船できる甲種船長の免許証が用意されていました。匿う皇族を、海路で九州へ送る準備です。海軍士官は、飛行機乗りでも操艦の経験がありますからね。十一月には源田司令が一度、目的はわかりませんが、大村基地に戻ってきています」

十一月三十日、陸海軍が解体。隊員たちは民間人として、引き続き任務にあたることとなる。志賀少佐も同日をもって軍籍を離れ、ふたたび山口で待機に入った。

「十二月、源田司令が私の家を訪ねてきて、数日滞在したことがあります。ベランダで一人、黙考していて、声をかけるのもはばかられる感じでした」

昭和二十一年一月七日、皇統護持作戦のメンバーは大分県佐賀関に集合。これは万一の際、ここから皇族を上陸させるための地形偵察も兼ねていた。佐賀関では、第五航空艦隊参謀長だった横井俊之少将が、旧海軍の機密費で機帆船を購入、そのための海運会社を興している。

海軍が消滅したいま、隊員一人一人は、任務遂行が可能な範囲で、それぞれに仕事を見つけ、生計を維持することが求められている。昭和二十一年三月、志賀は、源田司令以下七〜八名の隊員とともに、終戦を知らせてくれた川南豊作が経営する川南工業に入社した。

ここでは、秘密が漏れないよう、隊員たちは皆、他人のふりをしている。

志賀ははじめ、一般の社員に対しては「商船学校卒」と偽り、ドック人夫として入社。のちに文化部と称する、仕事の実体のない部署に移ったが、やがて元海軍士官であることが周囲に露見し、辞表を提出した。川南豊作が、志賀のために下関出張所をつくったことで退社はせずに下関に移り、山口の自宅から通勤するようになる。

山田良市も、川南工業に就職した一人である。はじめは漁労部に配属され、トロール船の航海士となって漁に参加したりしたが、やがて志賀と同じ文化部に移った。

「文化部は、ほんとうにわけのわからん部署。一生懸命、いろんな経済史とか戦史を勉強して給料をもらってました」

と、山田は言う。志賀や山田が川南工業にいたのは一年半ほどのことだったが、その間にも情勢はめまぐるしく動いていた。

マッカーサーが天皇を認める姿勢を明確にし、天皇が戦犯として訴追されるおそれもなくなった。昭和二十二（一九四七）年五月三日に施行された日本国憲法では、天皇が「国の象徴」と明記され、ここに、皇統護持作戦は事実上、その意味を失った。しかし、それが完全に終結するには、なおも長い時間を必要としたのである。

昭和五十六年一月七日、正式に作戦解除

昭和二十八（一九五三）年一月、源田司令以下総員が、大分県別府市の鉄輪《かんなわ》温泉に集まった。司令としては、ここで皇統護持作戦の任務終結を告げるつもりだった。志賀は語る。

「日本が独立を取り戻し、アメリカも陛下を認めて、われわれの任務もこれで終わりだ、と、けじめをつける意味で集まったんです。この任務がいつまで続いたか、私は、実質的にはこの解散式まで、ということでいいと思います。

ところが、宿が用意した場所が大きな座敷で人払いができず、司令がはっきりとした解散の辞をおっしゃれなかった。それで、なかには解散の意図がうまく伝わらず、その後も任務を解かずに待機を続けていた者がいたんです。それと、秘密であるべきわれわれの任務について、末端の誰かが記者にしゃべって、週刊誌にすっぱ抜かれてしまった。

そこで司令に、禍根を残さないよう、明確に終了を宣言することを進言し、昭和五十六（一九八

二〇）年一月七日、東京・原宿の東郷神社和楽殿に隊員十七名を集め、改めて司令より皇統護持作戦の終結を伝達。ここに全員の任務が、正式に解除されました。さらに、海軍の元陸上攻撃機搭乗員が経営する五反田の『赤のれん』という店に場所を移し、そこの二階を借り切って、解散の宴を行いました」

フィリピン・ルバング島でゲリラ戦を続けていた小野田寛郎陸軍少尉が、昭和四十九（一九七四）年、かつての上官からの命令で武装解除に応じてようやく帰国したように、プロの軍人が命令を承《う》け、決死の覚悟で就いた任務を解くには、指揮官による命令解除が必要だったのだ。

しかし、いわゆる皇統護持作戦はこの一本だけではなかった。

陸軍もふくめ、いくつかの動きが同時並行的にあり、海軍では、特攻兵器「桜花」を主戦兵器とする第七二一海軍航空隊（神雷部隊）にも、源田部隊と同様の任務が打診されている。神雷部隊のほうは、将来の海軍再建をにらんで、若手士官を死亡扱いにして市井に潜伏させるなどの任務が先に動き出し、そのために皇統護持作戦に就くことはなかったが、名を変え地下に潜っていた湯野川守正大尉は、一時期、三四三空の隊員たちと同じく川南工業で働いたことがある。このときは互いに、秘密の任務に就いていることなどおくびにも出さず、その後も長いあいだ、そのことを知らずにいたという。

「結果的に、幸い皇統護持の任務が実際に発動されることはなかったんですが、これは、陸軍に引きずられて始まった戦争で、海軍にとってできる最後の御奉公であったと思っています」

——志賀少佐の述懐である。

昭和六十四（一九八九）年一月七日、昭和天皇が崩御し、元号が平成に変わった。戦後、警察装備を製造、販売する会社を経営していた志賀は、平成元年一月二十四日、昭和天皇大喪の礼の際、皇居から多摩御陵までの沿道を埋める菊の花の手配を手がけた。

「大喪の礼を三日後に控えた一月二十一日には、皇居で行われた『殯宮《ひんきゅう》伺候《しこう》』に参列を許されました。陛下の棺に、内々に最後のお別れをする儀式です。私は、この日のために、戦死した上官、同僚、部下たちの氏名を記した巻紙を用意して、背広の内ポケットに忍ばせていたんですが、しわぶき一つ聞こえない部屋で、とても巻紙を広げることはできず、心のなかで陛下に、彼らの名前を奏上するとともに、軍人としての至らなさをお詫び申し上げました」

同じ年（平成元年）の八月十五日、戦後は航空幕僚長、参議院議員を歴任した三四三空元司令・源田實氏が、八十四歳で亡くなった。満八十五歳の誕生日を翌日に控えた「終戦の日」の死去は、あたかも「昭和」に殉じたかのようだった。

志賀淑雄は平成十七（二〇〇五）年、山田良市は平成二十五（二〇一三）年にそれぞれ世を去り、皇統護持の連判状に名を連ねた三四三空の隊員たちのほとんどが、いまや故人である。自らの任務を一言も漏らさないまま、鬼籍に入った人も少なくない。終戦後に発動された「皇統護持作戦」、その全貌は、これからも昭和史の謎として残ってゆくのかもしれない。

（文中敬称略）

昭和20年４月、沖縄作戦に参加するため、松山基地から鹿屋基地に向け発進する直前の紫電改。手前の胴体２本線の機体は、戦闘三〇一飛行隊長・菅野直大尉の乗機

昭和20年春、三四三空司令・源田實大佐（左）と、飛行長・志賀淑雄少佐

三四三空で戦没した４人の飛行隊長。左より戦死順に、林喜重大尉（20.4.21）、林啓次郎大尉（20.6.22　写真は海兵生徒時代）、鴛淵孝大尉（20.7.24）、菅野直大尉（20.8.1）

三四三空飛行長・志賀淑雄少佐。司令を補佐し、皇統護持作戦に従事する隊員を選ぶための芝居を打った（右写真は撮影／神立尚紀）

戦闘七〇一飛行隊分隊長・山田良市大尉。源田司令に心酔し、運命をともにしようと自決の輪に加わった（右写真は撮影／神立尚紀）

戦闘三〇一飛行隊分隊士・宮崎勇少尉。いったんは自決の場に足を運ぶが、「長男と妻帯者は帰れ」と言われてその場を離れた（右写真は撮影／神立尚紀）

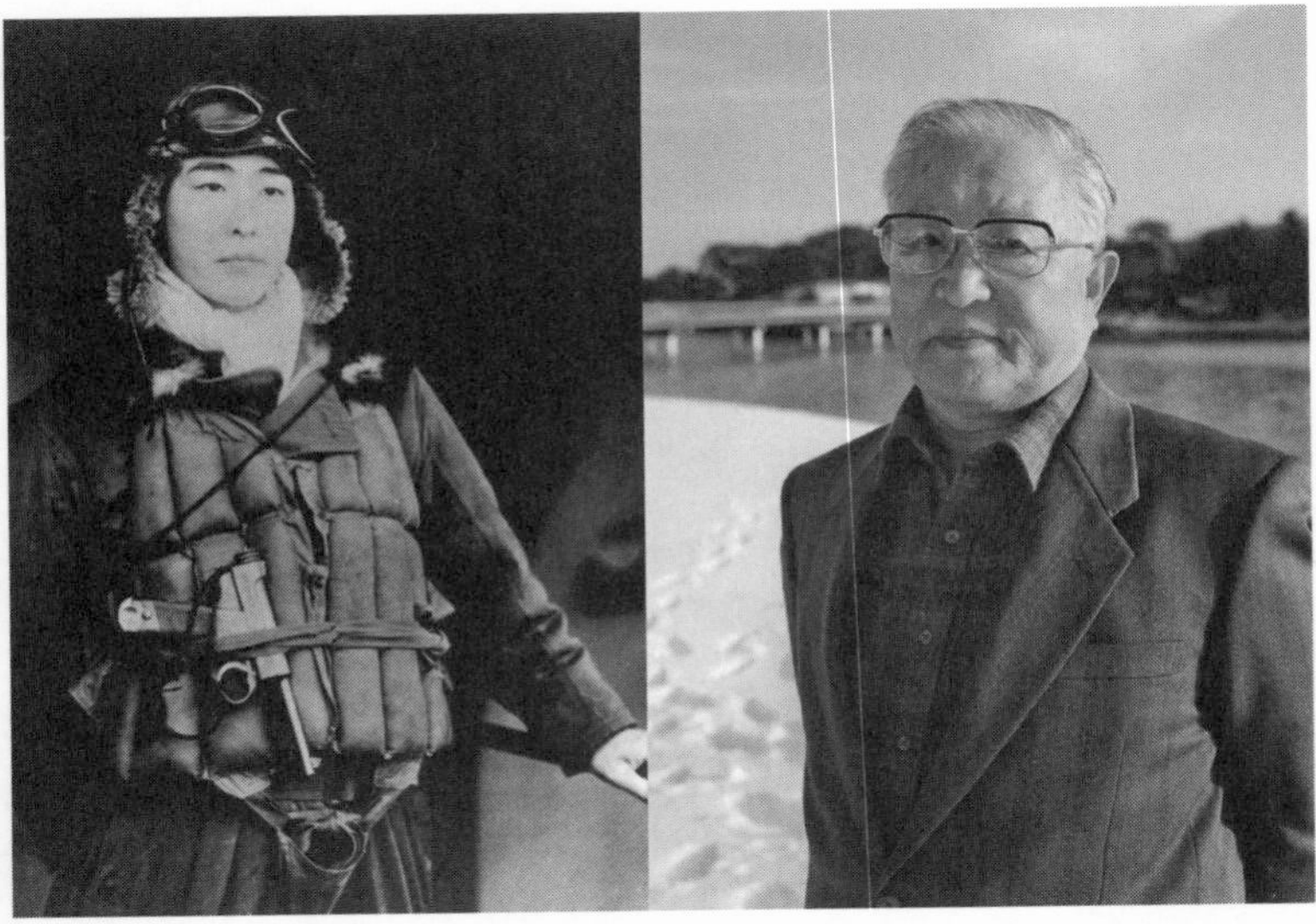

戦闘七〇一飛行隊分隊士・佐々木原正夫少尉。真珠湾攻撃以来、歴戦の戦闘機乗りとしての誇りから自決を拒み、皇統護持作戦に批判的だった（右写真は撮影／神立尚紀）

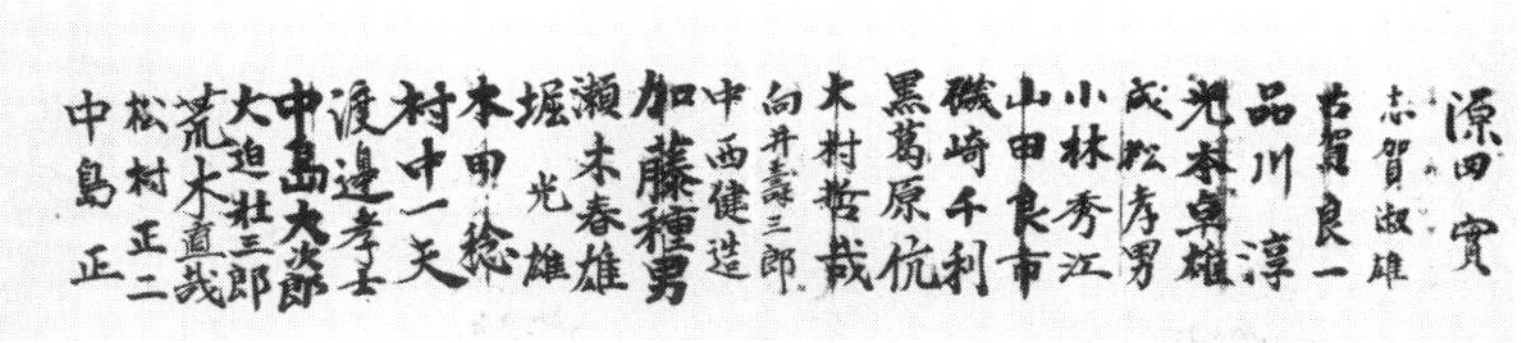

皇統護持作戦に加わった三四三空有志の連判状。同じものが山田良市大尉の手で軍令部に届けられた。ただし、中島正（元副長）の名は、後日、書き加えられたもの

昭和20年10月16日、松山基地で、紫電改引き渡し飛行のブリーフィングをする志賀少佐（左から３人め、こちらを向く飛行服姿）

米軍の星のマークをつけ、志賀少佐の操縦で、米軍に引き渡すため松山基地から横須賀基地へ向け離陸する紫電改

第十一章　日本人なら知っておくべき「特攻の真実」

元隊員の間でさえ、特攻への評価に温度差がある

太平洋戦争末期の、日本陸海軍の飛行機、舟艇、戦車などによる体当たり攻撃、いわゆる「特攻」は、「あの戦争」の一つの象徴として、いまなお論考が重ねられ、関連書籍が出版され続けている。

かくいう私も、「特攻生みの親」とされる大西瀧治郎海軍中将の親族、副官、特攻を命じた側の参謀、命じられた搭乗員、見送った整備員、そして家族を喪った遺族……数百名の関係者に直接取材を重ね、『特攻の真意——大西瀧治郎はなぜ「特攻」を命じたのか』を上梓（文芸春秋二〇一一年、文春文庫二〇一四年、光人社ＮＦ文庫二〇二〇年）した。

十数年かけて当事者を訪ね歩き、資料を漁り、本を著す作業のなかで気になったのは、任務の遂行すなわち「死」を意味する戦法の異常性ゆえか、特攻関連の情報がいくつかの傾向に偏っていて、中正な立場から書かれたものが皆無に近いことだった。

……特攻がいかに愚策だったかを強調し、「上層部」を罵倒するために史料や数字を恣意的に引用しているもの。それとは逆に、命じる側の自己正当化のため、あるいは「右寄り」の論調を補強するための不自然なまでの美化。さらに、「特攻の母」鳥濱トメさんのエピソードのように、情緒に訴

え、「泣かせる」読み物。そして、「国のためではなく愛する者のため」と、戦後世代に耳あたりのいい現代風の価値観で、隊員たちの精神性を一括りにする物語。

特攻当事者が編纂した戦没学徒の遺稿集も、たとえば『きけ　わだつみのこえ』（一九四九年）と『雲ながるる果てに』（一九五二年）では、それぞれ「左」と「右」に分けられるほどにニュアンスが違う。当の特攻隊員の間でさえ、「特攻」への評価や意識にはかなりの温度差があったのだ。

二度出撃して、敵艦に遭わず生還したある元特攻隊員は、私のインタビューに、

「特攻が嫌だと思ったことは一度もない。俺たちがやらないで誰が敵をやっつけるんだ。私の仲間には渋々征《い》ったようなやつはいない。それだけは覚えておいてくださいよ」

と言い、また、四度の出撃から、これも敵艦と遭わずに還ってきた別の元特攻隊員は、

「死ぬのがわかってて自分から行きたいと思うやつはいないでしょう。みんな志願なんかしたくなかった。私も志願しなかったけど、否応なしに行かされたんです」

と言った。また、直掩機（特攻機の護衛、戦果確認機）として、爆弾を積んだ特攻機（爆装機）の突入を見届けた元特攻隊員のなかには、

「離陸から突入するまでずっと、爆装機の搭乗員の顔は涙でくしゃくしゃで、かわいそうでした……」

と回想する人もいる。その直掩機も、もし途中で敵戦闘機に遭遇したら、爆装機の盾となって、命に代えても突入の掩護を全うすることを求められていたのだ。

人それぞれ、置かれた状況も違えば、感じ方、捉え方も全然違う。「生存本能」と「使命感」のはざま、言葉を替えれば「個体保存の本能」と「種の保存の本能」がせめぎ合う、人の生死の極限状態

であり、当事者の数だけ異なった捉え方があるのは当然である。一人の心の内にも、そのとき、そのときでさまざまな感情が去来することを思えば、元隊員たちのどの言葉にもウソはないと思うし、逆にそれが全てではないとも思う。

現在の視点で歴史上の事実を分析することは大切だが、それには常に、当時の価値観を俎上《そじょう》に乗せ、これと比較するのでなければ、事実が真実から遊離してしまうし、批判も的外れなものになってしまう。紙を読み、頭で考えるだけでなく、当事者への直接取材が欠かせないゆえんである。

特攻作戦にいたるまでの道のりについてはここでは省き、私の取材範囲は主に海軍なので、海軍を例にとって、特攻についての的外れな批判、ないしは間違った通説をいくつか挙げてみる。――「海軍を例にとって」と、わざわざ断りを入れるのは、陸軍の特攻隊と海軍の特攻隊は、手段は同じでも成り立ちが違い、それを一緒にしてしまうと間違いが生じるからだ。

離陸後、指揮所上空で機銃をぶっ放してから出撃した者も

まず、特攻隊員が選ばれたのは「志願」か「命令」か。これをどちらかに決めてしまおうとする議論が目立つが、無駄なことである。実際にはケースバイケースで、特攻隊が出撃する以前の昭和十九（一九四四）年八月、日本内地の航空隊で、「必死必中の体当り兵器」（のちの人間爆弾「桜花」や人間魚雷「回天」などを指す）の搭乗員が募集されたときには、はっきりと志願の形がとられているし、志願しても長男や妻帯者は外すような配慮もなされた。

だが、同年十月十七日、フィリピン・レイテ島の湾口に位置するスルアン島に米軍が上陸、日本海

軍の主力艦隊のレイテ湾突入を掩護するため、敵空母の飛行甲板を一時的に破壊する目的で神風特別攻撃隊が編成される段になると、なにしろ敵はもうそこまで攻めてきているわけだから、編成には急を要する。

第二〇一海軍航空隊（二〇一空）で、最初の特攻隊指揮官に選ばれたのは、満二十三歳、母一人子一人で新婚の関行男大尉である。特攻隊編成を命じた大西瀧治郎中将の副官を務めた門司親徳主計大尉は、筆者のインタビューに、

「大西中将としても、死を命じるのが『命令』の域を超えているのはわかっている。だからこそ、最初の特攻隊は志願によるものでなければならず、『指揮官先頭』という海軍のモットーからいっても、指揮官は海軍兵学校出身の正規将校でなければならない。大西中将は、真珠湾攻撃以来歴戦の飛行隊長・指宿正信大尉に手を上げてもらいたかったんです。

ところが二〇一空の飛行長・玉井浅一中佐が、指宿大尉を志願させなかった。指宿大尉が出ないとなると、当時二〇一空に海兵出の指揮官クラスは関大尉と、もう一人の大尉しかいなかった。もう一人の大尉は、戦闘に消極的で部下からやや軽んじられていたこともあり、関大尉しか選びようがなかったんでしょう」

と、語っている。関大尉は玉井中佐からの、限りなく強制に近い説得に応じて、特攻隊の指揮官を引き受けた。残る下士官兵搭乗員も、体当り攻撃の話に一瞬、静まり返ったが、玉井が「行くのか、行かんのか！」と一喝すると、全員が反射的に手を上げた。

支那事変（日中戦争）、ソロモン、硫黄島と激戦を潜ってきた角田《つのだ》和男少尉は、昭和十九（一九四

四）年十一月六日、部下の零戦三機とともに飛行中、エンジン故障で不時着した基地で、「当基地の特攻隊員に一人欠員が出たから、このなかから一人を指名せよ」と命じられ、「このなかから一人と言われれば、自分が残るしかない」と覚悟して特攻隊を志願した。角田さんは、

「昭和十五（一九四〇）年、第十二航空隊に属し、漢口基地から重慶、成都空襲に出撃していた十ヵ月の間、搭乗員の戦死者は一人も出なかった。それが、昭和十七（一九四二）年八月から十八（一九四三）年にかけ、ソロモンで戦った第二航空隊（途中、五八二空と改称）は、補充を繰り返しながら一年で壊滅、しかし一年はもちました。昭和十九年六月に硫黄島に進出した二五二空は、たった三日の空戦で全滅し、十月、再編成して臨んだ台湾沖航空戦では、戦さらしい戦さもできなかった。そんな流れで戦ってきた立場からすると、特攻は、もうこうなったらやむを得ない、と納得する部分もありました」

と言う。それまでの苦戦の軌跡を十分に知る角田さんは、特攻を否定することができなかったのだ。

志願書に「熱望」と書いて提出した搭乗員のなかには、周囲の目から見ても、本心から志願したに違いない、と伝えられる例もあれば、出撃直前、零戦の操縦席から立ち上がり、「お母さん！　海軍が！　俺を殺す！」と叫んで離陸していったという例もある。さらに、離陸後、超低空に舞い降りて、指揮所上空で機銃弾をぶっ放して飛び去って行ったという例もある。

角田さんは、出撃前夜の搭乗員が、目を瞑《つぶ》るのが怖くて眠くなるまでじっと起きている姿と、笑顔で機上の人となる姿をまのあたりにして、「そのどちらもが本心であったのかもしれない」と回想している。

特攻が常態化してからは、隊員の選抜方法も、「志願する者は司令室に紙を置け」というものから、「志願しない者は一歩前に出ろ」などという方法がまかり通るようになり、そしてついには、志願の手順もなく特攻専門の航空隊が編成された。

特攻隊は志願か否か、突き詰めることに意味はない。仮に志願だとしても、積極的志願か、消極的志願か、環境による事実上の強制による志願か、やぶれかぶれの志願か、志願して後悔したのか……その本心は、当事者自身にしかわからないし、現に「命令」で選ばれたことが確実な例もあるからだ。

特攻部隊より通常部隊のほうが戦死率が高かった

また、よく言われる俗説に、

「身内の、海軍兵学校卒のエリート士官を温存し、学生出身の予備士官や予科練出身の若い下士官兵ばかりが特攻に出された」

というのがあるが、これも全くナンセンスである。特攻で戦死した海軍の飛行機搭乗員のうち、少尉候補生以上の士官クラスは七百六十九名（資料によって差がある）、うち予備士官、少尉候補生は六百四十八名で全体の八十五パーセントを占める。確かに、数字からは俗説にも理があるように見える。だが、この数字には母数がない。

海軍兵学校出身者のうち、一部の例外をのぞき特攻隊員となったのは、昭和十三（一九三八）年に入校、昭和十八（一九四三）年に飛行学生を卒業した六十九期生から、昭和十六（一九四一）年に入校、昭和二十（一九四五）年に飛行学生を卒業した七十三期生までで、その間に養成された飛行機搭乗員は一四〇六名。うち七百九十五名が戦死している。戦死率は五十六・五パーセント。

いっぽう、特攻作戦の主力になった予備学生十三期、十四期、予備生徒一期の搭乗員は合わせて八千六百七十三名にのぼり、うち戦没者は二千百九十二名。戦死率二十五・二パーセント。

つまり、海兵六十九〜七十三期と、予備学生十三期、十四期、予備生徒一期の搭乗員を比べると、総人数比で八十六パーセントを占める予備士官、少尉候補生が、特攻戦没士官の八十五パーセントを占めるのは、単に人数比によるものと見た方が妥当である。

総戦没者数に対する特攻戦死者数の割合は、海兵が十五・二パーセント、予備士官、少尉候補生は二十九・六パーセントだが、これも、特攻以前に戦没した海兵出身士官の人数二百八十七名を除くと、海兵は二十三・八パーセントとなり、「特攻に出さず温存されていた」と言われるほどの差は出てこない。沖縄作戦に投入された海軍機はのべ七千八百七十八機、うち特攻機はのべ千八百六十八機で、出撃機数に対する特攻機の割合は二十三・七パーセントだから、それとほぼ同じ数字である。

士官と下士官兵搭乗員の、特攻戦没者の人数比も同様に説明がつく。「軍隊＝身内をかばう悪しき組織」とした方が、特攻を批判するには都合がよいのはわかるけれど、母数を無視するのはフェアな態度ではない。

「十死零生」の特攻隊と、生きて何度でも戦うほかの部隊とで、隊員の精神状態を比較することはむずかしい。だが、単純に部隊の戦死率を比較すると、意外な数字が出てくる。

たとえば、昭和十七年から十八年にかけ、ラバウルで戦った第二〇四海軍航空隊の、十八年六月までに配属された零戦搭乗員百一名の消息を追ってみると、七十六名がそこから出ることなく戦死し、残る二十五名のうち、十三名がその後の戦いで戦死。生きて終戦を迎えたのは十二名のみである。ラバウルでの戦死率はじつに七十五パーセント、終戦までの戦死率は八十八パーセントにのぼる。

それに対して、昭和二十年二月五日、沖縄戦に備え、特攻専門部隊として台湾で編成された第二〇五海軍航空隊は、百三名の搭乗員全員が、志願ではなく「特攻大義隊員を命ず」との辞令で特攻隊員となったが、終戦までの戦死者は三十五名で、戦死率は三十四パーセントである。

さらに、二〇五空と同じ時期、昭和二十年四月から終戦まで九州、沖縄上空で戦った戦闘三〇三飛行隊は、特攻隊ではないが、八十九名の搭乗員のうち三十八名が敵機との空戦で戦死、戦死率は四十三パーセントにのぼっている。戦闘三〇三飛行隊長は、「特攻反対」を貫いた岡嶋清熊少佐である。

……数字だけで語れるものではないことは承知している。だが、沖縄へ特攻出撃を繰り返した特攻専門部隊より、通常の部隊の方が戦死率が高かったという、一面の事実がここにはある。

特攻出撃で、一度の出撃で戦死した隊員も多いが、たいていは数時間前の索敵機の情報をもとにしたり、自ら敵艦隊を探しながらの出撃となるので、四回や五回、出撃して生還した隊員はいくらでもいる。そもそも、特攻作戦最初の、関大尉率いる「敷島隊」からして、四度めの出撃で敵艦隊に突入したものだ。いっぽう、特攻隊以外の航空隊について、零戦搭乗員の戦友会であった「零戦搭乗員会」が調査したところ、「搭乗員が第一線に出てから戦死するまでの平均出撃回数八回、平均生存期間は三ヵ月」だったという。開戦劈頭《へきとう》の真珠湾攻撃に参加した搭乗員も、終戦までに八十パーセント以上が戦没している。何度も出撃し、戦果を挙げて生きて還ることのできる搭乗員は、実際には稀だ

った と言っていい。
ここまで冷徹な数字が並んでは、どちらが人道的だとか酷いとか、議論しても始まらないように思える。歴戦の搭乗員である角田和男さんが、特攻に直面し、「もうこうなったらやむを得ない」と納得してしまうのも、こんな素地があったからこそなのだ。

特攻は味方より敵の戦死者が多い稀な戦果を挙げた

では、特攻隊が挙げた「戦果」をどう評するべきだろうか。この点、日本側の記録にも不備があり、戦後長い間、連合軍側の情報も限られていたことから、ややもすれば過少に見積もられていた。

連合軍側の死傷者数にも諸説あるが、米軍の公式記録などから、航空特攻によるとおぼしき戦果を拾い上げると、撃沈五十五隻、撃破(廃艦になった二十三隻をふくむ)百九十八隻、死者八千六十四名、負傷者一万七百八名にのぼる。日本側の特攻戦死者は、「(公財)特攻隊戦没者慰霊顕彰会」によると、海軍二千五百三十一名、陸軍千四百十七名、計三千九百四十八名である。

これをどのように捉えるか。

「敵艦一隻を沈めるのに七十名以上が犠牲になった」「巡洋艦以上の大型艦が一隻も沈んでいない」「隻数ではなく総トン数で表すべき」との識者の声もあるが、これらの意見についても、「海兵出を温存していた」説と同様の偏りがみられる。

特攻隊編成以前、日本の航空部隊が、巡洋艦以上の大型艦を撃沈したのは、昭和十八年一月三十日、ソロモン諸島レンネル島沖で、陸攻隊が米重巡「シカゴ」を撃沈したのが最後である。特攻隊編成後（ただし最初の突入前日）の昭和十九年十月二十四日、艦上爆撃機「彗星」が、米空母「プリンストン」に急降下爆撃で命中弾を与え、撃沈しているが、昭和十八年、ソロモン諸島をめぐる戦い以降の、日本のどの航空作戦よりも大きな戦果を挙げたのが、ほかならぬ特攻だった。

日本海軍機動部隊が米海軍機動部隊と互角以上にわたりあった最後の戦い、昭和十七年十月二十六日の「南太平洋海戦」では、米空母「ホーネット」、駆逐艦一隻を撃沈、ほか四隻に損傷を与えた。日本側の沈没艦はなく、損傷四隻、搭乗員の戦死者百四十八名、艦船乗組員の戦死者約三百名。「敵艦を○隻沈めるのに○人が犠牲になった」という論法にたてば、このときも、敵艦一隻を沈めるために特攻と同様、七十数名の搭乗員が戦死している。米軍戦死者は航空機、艦船あわせて二百六十六名だから、沈没艦こそ出なかったものの、人的損失は日本側の方が多かった。

それが、特攻作戦では、結果論とはいえ、死者数だけをとっても、敵に特攻戦死者の二倍以上の損失を与えている。特攻だけに気をとられていると気づきにくいことだが、味方が失った人命より敵の死者の方が多いという戦いの例は、太平洋戦争においては稀である。

現代の日本人が感情的に受け入れがたいのは承知であえて言うと、戦闘の目的は、より多くの敵の将兵を殺傷し、敵の戦闘力を弱体化すること。そう捉えれば、特攻隊の挙げた戦果はけっして小さなものではなかった。

また、最初の特攻隊の目的が「敵空母の飛行甲板を破壊」することだったように、そもそも大型艦を二百五十キロや五百キロ爆弾を積んだ飛行機の体当たりだけで撃沈できるとは、特攻作戦の渦中にいた者でさえ思っていない。沈まないまでも戦列を離れさせればよかったわけで、「撃沈した艦船の総トン数」で戦果を評価するのは、当時の実情とは大きくズレた見方と言える。

特攻隊員を、「特攻兵」や「兵士」と呼ぶのも正しくない。陸海軍の階級は、下から兵、下士官、准士官、士官（尉官、佐官、将官）となり、下士官以上は「兵士」ではないからだ。元軍人の多くが存命だった二十年前なら、うっかりこのような表記をすれば当事者から注意を受けたものだが、いまやチェックする人もほとんどいなくなってしまった。

ではどう呼ぶか。「特攻隊員」、「将兵」である。「士官」であれば、たとえ任官したばかりの若い少尉でも「将」であって「兵」ではない。これらを「兵士」と一括りにするのは、警察官に例えると、巡査部長も警部補も警部も警視もみな「巡査」と呼ぶのに等しい、かなり乱暴なことである。

昨今の「兵士」という言葉の使われ方からは、「搾取する側（上層部）」と「搾取される側」をことさらに分けようとする、プロレタリアートな階級史観の匂いが感じられる。だが、「上層部」はつねに愚かで無能、「兵士」はその被害者、と雑に分けてしまうと、責任の所在がかえって曖昧になってしまうのではないか。

「俺は死ぬ係じゃないから」

「上層部」や「司令部」を批判し、糾弾するのは簡単だし、俗耳にも入りやすい。陸海軍は七十数年前に消滅しているから、いくら悪口を言っても身に危険が及ぶ心配もない。しかし、「上層部」や「司令部」の「誰が」「どのように」命令をくだしたかまで掘り下げなければ、いつまでも批判の矛先が曖昧模糊《あいまいもこ》としたままで終わってしまう。

海軍の特攻でいえば、その方針を最初に決めた軍令部第一部長（作戦担当）・中澤佑《たすく》少将（のち中将）、第二部長（軍備担当）・黒島亀人大佐（のち少将）の存在は、もっと注目されてよい。昭和十九年四月四日、黒島大佐は中澤少将に、人間魚雷（のちの「回天」）をふくむ各種特攻兵器の開発を提案、軍令部はこの案を基に、特攻兵器を開発するよう海軍省に要請した。

八月には人間爆弾（のちの「桜花」）の開発もはじまり、九月、海軍省は軍令部からの要望を受けて「海軍特攻部」を新設している。「回天」も「桜花」も、もとは現場の隊員の発案によるものだが、中澤、黒島の二人が同意しなければ、形になることはおそらくなかった。

中澤は、「策士」「切れ者」と評されるが、自ら主導したマリアナ沖海戦の大敗に見るように、作戦家としての能力には疑問符がつく。フィリピンで最初の特攻隊を出撃させた大西瀧治郎中将が日本を発つ前、東京・霞が関の軍令部を訪ね、「必要とあらば航空機による体当たり攻撃をかける」ことを軍令部総長・及川古志郎大将に上申し、認められたという、よく知られた話がある。

及川は、「ただし、けっして命令ではやらないように」と条件をつけたと伝えられる。だが、このことを、その場にいたかのように書き残した中澤は、実際にはその日、台湾に出張していて不在だった。

黒島は、昭和十六年、聯合艦隊司令長官・山本五十六大将の腹心として、真珠湾攻撃作戦を事実上立案したことで知られるが、昭和十七年、ミッドウェー海戦敗戦の責任の一端は彼にもある。この黒島が、特攻兵器の開発を中澤に提案した。

では、戦場の「上層部」はどうだったか。フィリピンで、大西中将の第一航空艦隊に続いて、福留繁中将率いる第二航空艦隊からも特攻を出すことになり、大西、福留両中将が一緒に特攻隊員を送り

出したことがある。このときの特攻隊の生還者のなかには、

「大西中将と福留中将では、握手のときの手の握り方が全然違った。大西中将はじっと目を見て、頼んだぞと。それに対して福留中将は、握手もおざなりで、隊員と目を合わさないんですから」

という声がある（このシーンは現在、ＮＨＫのＷｅｂサイト、「戦争証言アーカイブス」の「日本ニュース」第二百四十一号で見ることができる）。当事者ならではの実感のこもった感想だろう。

昭和二十年五月、軍令部次長に転じた大西中将は、最後まで徹底抗戦を呼号し、戦争終結を告げる天皇の玉音放送が流れた翌八月十六日未明、渋谷南平台の官舎で割腹して果てた。特攻で死なせた部下たちのことを思い、なるべく長く苦しんで死ぬようにと介錯を断っての最期だった。遺書には、特攻隊を指揮し、戦争継続を主張していた人物とは思えない冷静な筆致で、軽挙を戒め、若い世代に後事を託し、世界平和を願う言葉が書かれていた。

大西の最期については、多くの若者に「死」を命じたのだからという醒めた見方もあるだろう。しかし、特攻を命じ、生きながらえた将官に、大西のような責任の取り方をした者は一人もいなかった。中澤佑少将は、台湾の高雄警備府参謀長に転出し、台湾から沖縄へ出撃する特攻作戦を指揮した。その中澤（終戦後、中将に進級）が、大西の自刃を聞き、「俺は死ぬ係じゃないから」と言い放ったのを、大西中将が軍令部に転じたのちも台湾に残った副官・門司親徳さんが耳にしている。

門司さんは、

「大西中将は、『俺もあとから行くぞ』とか『お前たちだけを死なせはしない』といった、うわべだけの言葉を口にすることはけっしてなかった。しかし、特攻隊員の一人一人をじっと見つめて手を握

る姿は、その人と一緒に自分も死ぬのだ、と決意しているかのようでした。長官は一回一回自分も死にながら、特攻隊を送り出してたんだろうと思います。自刃したのは、特攻を命じた指揮官として当たり前の身の処し方だったのかもしれない。でも人間、その当たり前のことがなかなかできないものなんですね」

と回想する。

戦後、昭和二十一（一九四六）年から平成十七（二〇〇五）年まで、特攻隊が最初に突入した十月二十五日に合わせ、東京・芝の寺にかつての軍令部総長や司令長官、司令部職員や元特攻隊員が集まり、「神風忌」と称する慰霊法要が営まれていた。参列者の名簿には、及川古志郎大将、福留繁中将、寺岡謹平中将をはじめ、特攻に関わった「上層部」の指揮官たちの名前が、それぞれ生を終える直前まで残され、良心の呵責を垣間見ることができる。だが、中澤佑、黒島亀人という、最初に「特攻」を採用したはずの軍令部第一部長、第二部長の名はそこにはない。

無駄死にではなかったことの根拠

特攻作戦を実行するとき、大西瀧治郎中将が、腹心の参謀長・小田原俊彦大佐に語った「特攻の真意」が、前出の元特攻隊員・角田和男さんを通じて残っている。大西中将は昭和九年、角田さんが予科練に入隊したときの教頭、小田原大佐は昭和十六年、計器飛行を一から教えた飛行長で、いずれも浅からぬ縁のある上官だった。

小田原大佐はその後、戦死したが、特攻出撃を控えた角田さんに、

「教え子が、妻子をも捨てて特攻をかけてくれようというのに、黙って見ていることはできない」と、大西中将から「他言無用」と言われていたというその真意を話してくれたのだ。それは、要約すれば、特攻は「敵に本土上陸を許せば、未来永劫日本は滅びる。特攻は、フィリピンを最後の戦場にし、天皇陛下に戦争終結のご聖断を仰ぎ、講和を結ぶための最後の手段である」というものだった。

しかもこのことは、海軍砲術学校教頭で、昭和天皇の弟宮として大きな影響力を持つ海軍大佐・高松宮宣仁親王、米内光政海軍大臣の内諾を得ていたという。つまりこれは、表に出さざる「海軍の総意」だったとみて差し支えない。

角田さんは戦後、戦没者の慰霊行脚を続けながら、慰霊祭で再会した門司親徳さんとともに、大西中将の真意の検証を続け、ついに最初の特攻隊編成に立ち会った第一航空艦隊麾下の第二十六航空戦隊参謀・吉岡忠一元中佐と、大西中将夫人・淑惠さんから、間違いないとの証言を得た。

特攻隊員たちの死を「無駄死に」であったとする論評もあるが、それは戦争の大きな流れを無視した近視眼的な見方によるものだ。

「フィリピンを最後の戦場に」という大西の（つまり海軍の）思いは叶わなかったが、和平を促す「ポツダム宣言」が連合国側から出されたこと、日本が、それを多数決でなく「天皇の聖断」という形で受諾したことは、日本本土を敵の上陸から救い、「和平派」と「抗戦派」との間で起こりかねなかった内乱も防ぎ、多くの国民に復興と平和をもたらした。若者たちが、命を捨てて戦ったからこそ、瀬戸際で講和のチャンスが訪れ、日本は滅亡の淵から甦ることができたのだ。

ただし、それは、あの無謀な戦争を防ぐことができたなら、払う必要のなかった大きすぎる犠牲であったことは確かである。

戦没者に「無名戦士」などいない。一人一人に名前があり人生があり、家族があり、もしかしたら恋人もいたかもしれない。そんな一人一人がもし命永らえていたら、どれほどのことを成し遂げたかを思えばなおのこと、戦争の惨禍は想像を絶する。

日本を無謀な戦争に導いた為政者や陸海軍上層部、それを煽《あお》り続けたマスメディアの責任、そして戦争に一時は熱狂して後押しした国民の姿は、「政府が」とか「世間が」という漠然とした議論ではなく、「どこの誰が、どうした」というところまで、これからも掘り下げていかねばならないだろう。

過ちを繰り返さないために、反省することは大切だ。しかしその反省は、あくまで「事実」に基づいたものでなくてはならない。現代の高みから感情的に特攻隊員を無駄死に呼ばわりしたり、逆に美化したりするところからは、教訓など生まれてこない。

「われわれは英雄でも、かわいそうな犠牲者でもない。ただ自分の生きた時代を懸命に生きただけ。どうか特攻隊員を憐憫《れんびん》の目で見ないでほしい」

——数年前に亡くなった、学徒出身のある元特攻隊員が遺した言葉である。

昭和19年10月25日、フィリピン・ルソン島のマバラカット基地を発進する神風特別攻撃隊敷島隊。見送りの中に、脚の骨を折り、前日退院して駆けつけた二〇一空司令・山本栄大佐の姿も見える

フィリピンで最初の特攻隊を命じた大西瀧治郎中将（右）と副官・門司親徳主計大尉（のち主計少佐）。大西中将が軍令部次長に転出する前の昭和20年5月、台湾にて

直掩機として特攻出撃を重ねた角田和男中尉。右は特攻隊に編成された昭和19年11月6日、左は台湾で終戦を迎えたのちの最後の飛行服姿。「特攻隊員の心情を、この２枚の写真から察してください」と角田さんは言う

昭和19年10月20日、神風特攻隊編成の日。バンバン川の河原で敷島隊、大和隊の隊員たち。手前の後ろ姿は大西中将。向かって左から、門司副官、二〇一空副長・玉井中佐（いずれも後ろ姿）、関大尉、中野一飛曹、山下一飛曹、谷一飛曹、塩田一飛曹

昭和19年10月、特攻隊の指揮官となり、出撃直前の関大尉。霞ケ浦空の笑顔とは別人のような厳しい表情である

昭和19年初夏、霞ケ浦海軍航空隊で教官を務めていた関行男大尉。「鬼教官」で知られていたが、後輩に対して屈託のない笑顔も見せた（撮影／香川宏三中尉）

「特攻」を中央で事実上推し進めた軍令部第一部長・中澤佑少将（左。のち中将）、第二部長・黒島亀人大佐（右・のち少将）

「特攻の父」大西瀧治郎中将（左）は、昭和20年8月16日、割腹。第五航空艦隊司令長官として沖縄方面の特攻作戦を指揮した宇垣纏中将（右）は、8月15日夕、最後の特攻隊を率いて大分基地を出撃した

第二航空艦隊司令長官をつとめた福留繁中将（左）と第三航空艦隊司令長官として8月15日に特攻隊を出撃させた寺岡謹平中将（右）は、いずれも天寿を全うした

昭和19年10月25日、敷島隊の突入を受け爆発する米護衛空母「セント・ロー」

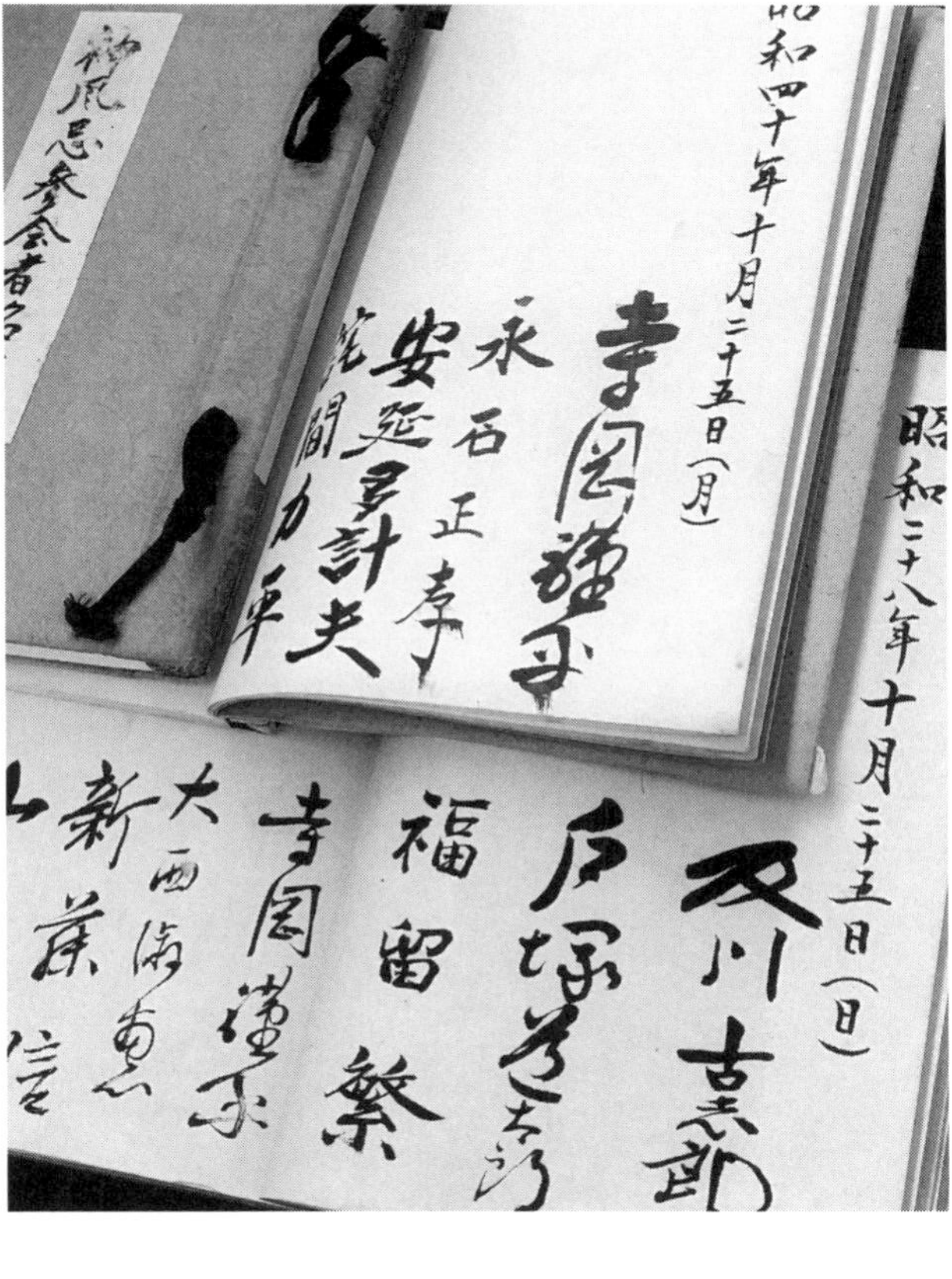

戦後、毎年10月25日、かつての指揮官をふくむ関係者が東京・芝の寺に集い、「神風忌」と称する慰霊法要を続けていた。及川古志郎大将や福留繁中将、寺岡謹平中将ら多くの人は亡くなる直前まで参列したが、中澤佑、黒島亀人という、軍令部で特攻を推進した2人の名はここには見えない

大東亜戦争（太平洋戦争）年表

【昭和16年】（1941）

■12月8日　対米英開戦。真珠湾攻撃。台湾の基地を発進した航空部隊がフィリピンの米軍基地を攻撃。
大東亜戦争（太平洋戦争）始まる。

■12月10日　マレー沖海戦。中攻隊が英東洋艦隊主力艦2隻を撃沈。

■12月16日　戦艦「大和」竣工。

■12月25日　日本軍が香港島を制圧。香港の英軍が降伏。

【昭和17年】（1942）

■1月　日本軍、フィリピンのルソン島マニラ（2日）、マレー半島クアラルンプール（11日）占領。
23日、日本海軍機動部隊がラバウル攻略。

■2月15日　シンガポールの英豪軍降伏。

■3月13日　米軍フィリピン司令官マッカーサー、フィリピンから逃亡。

■4月18日　米軍空母から発信した爆撃機B－25が日本本土初空襲。

■5月7日～8日　珊瑚海海戦。日米の機動部隊が激突。世界史上初の空母対空母の戦い。

■6月5日　ミッドウェー海戦。日本海軍第一機動部隊の空母「赤城」「加賀」「蒼龍」「飛龍」が撃沈される。

■6月7日～8日　日本軍が米領アリューシャン列島キスカ島、アッツ島に上陸、占領。

■7月　日本軍がフィリピン全土を占領。

■8月7日　米軍がソロモン諸島ガダルカナル島に上陸。米軍の本格的反攻が始まる。

■10月26日　南太平洋海戦。米空母「ホーネット」撃沈。日米機動部隊が互角に渡り合った最後の海戦。

【昭和18年】（1943）

■2月1日～7日　日本軍、ガダルカナル島より撤退。

■4月18日　山本五十六聯合艦隊司令長官、ブーゲンビル島上空で戦死。

■5月12日　米軍、アッツ島に上陸。日本軍守備隊全滅。このときより「玉砕」という表現の使用が始まる。

■6月16日　ルンガ沖航空戦（「セ」作戦）。約１００機の戦爆連合でガダルカナル沖の米艦船攻撃。激しい空中戦で多くの熟練搭乗員を失う。
■10月21日　明治神宮外苑にて、出陣学徒壮行会開催。
【昭和19年】（１９４４）
■3月8日　日本軍、インパール作戦開始。
■6月19日〜20日　マリアナ沖海戦。日本機動部隊飛行機隊壊滅。
■7月8日　サイパン島陥落。8月3日　テニアン島陥落。8月11日　グアム島陥落。
■8月5日　豪州カウラ捕虜収容所で暴動。日本兵捕虜２３１名死亡。
■10月12〜16日　台湾沖航空戦。フィリピン決戦に向け増派された第二航空艦隊の戦力も壊滅的消耗。
■10月20日　神風特別攻撃隊命名式。10月21日　特攻隊初出撃。10月25日　特攻隊初戦果。特攻作戦の恒常化。
■10月23日〜25日　比島沖海戦で日本連合艦隊壊滅（戦艦「武蔵」沈没）。
■11月24日　Ｂ－29、東京初空襲。
【昭和20年】（１９４５）
■3月10日　東京大空襲。3月12日　名古屋大空襲。3月14日　大阪大空襲。3月16日　神戸大空襲。
■4月1日　米軍、沖縄に上陸。
■4月7日　戦艦「大和」、沖縄に向けて特攻。米航空機部隊の攻撃により坊ノ岬沖で沈没。
■8月6日　米軍、広島に史上初の原子爆弾投下。
■8月9日　米軍、長崎に原爆投下。日本政府、御前会議でポツダム宣言受諾を決定。
■8月14日　終戦の詔が出される。中立国にポツダム宣言受諾を通告。
■8月15日　正午、終戦を告げる玉音放送。
■8月18日　関東上空に飛来した米軍Ｂ－32爆撃機を横空戦闘機隊が邀撃。最後の空中戦。
■8月19日　三四三空を中心に皇統護持作戦が動き指す。
■11月30日　陸海軍解体。

本文中の表記・用語について

①戦争、事変などの呼称は、インタビューの談話を中心に構成した関係上、基本的に当時の呼び方を使用した。

②飛行機の形式名等については、旧海軍の表記にしたがった。

③階級については、それぞれの時点における階級を記した。

神立 尚紀（こうだち なおき）
1963年、大阪府生まれ。日本大学藝術学部写真学科卒業。1986年より講談社「FRIDAY」専属カメラマンを務め、主に事件、政治、経済、スポーツ等の取材に従事する。1997年からフリーランスに。1995年、日本の大空を零戦が飛ぶというイベントの取材をきっかけに、零戦搭乗員150人以上、家族等関係者500人以上の貴重な証言を記録している。著書に『証言　零戦　生存率二割の戦場を生き抜いた男たち』『証言　零戦　大空で戦った最後のサムライたち』『証言　零戦　真珠湾攻撃、激戦地ラバウル、そして特攻の真実』『証言　零戦　搭乗員がくぐり抜けた地獄の戦場と激動の戦後』（いずれも講談社＋α文庫）、『祖父たちの零戦』（講談社文庫）、『撮るライカⅠ／Ⅱ』『零戦隊長　宮野善治郎の生涯』（いずれも潮書房光人新社）、『特攻の真意　大西瀧治郎はなぜ「特攻」を命じたのか』（文春文庫／光人社NF文庫）などがある。NPO法人「零戦の会」会長。

●ブックデザイン　門田耕侍

太平洋戦争《たいへいようせんそう》秘《ひ》史《し》　戦士《せんし》たちの遺言《ゆいごん》

2021年4月12日　第1刷発行
2022年7月6日　第2刷発行

著者　神立尚紀《こうだちなおき》
発行者　出樋一親／髙橋明男
編集発行　株式会社講談社ビーシー
〒112-0013　東京都文京区音羽1-2-2
電話 03-3943-6559（書籍出版部）
発売発行　株式会社講談社
〒112-8001　東京都文京区音羽2-12-21
電話 03-5395-4415（販売）／ 03-5395-3615（業務）
印刷所　株式会社ＫＰＳプロダクツ
製本所　牧製本印刷株式会社

ISBN978-4-06-522375-8

神立尚紀の本

零戦――昭和15(1940)年9月13日の初空戦では、敵機を殲滅し、
味方の損失はゼロという戦果を挙げた。
太平洋戦争開戦時の真珠湾、フィリピン攻撃でも、敵機を圧倒し、
連合軍の搭乗員たちからは「地獄への使者」と恐れられた。
ところが、大戦中盤以降、次々と投入される敵新鋭機を前に形勢は逆転。
その名機は、重たい爆弾を抱えて搭乗員の命もろとも敵艦船に突入する、
特攻機として使われるようになった。
この間、零戦を駆って最前線で戦い、ときに被弾して重傷を負い、
ときに撃墜され海を漂い、ときにマラリアを患い高熱にうなされながら、
からくも終戦まで生き抜いた搭乗員たち。
彼らが、戦後50年を経て重い口を開いて語り残した
本当の戦争の記録である。

証言　零戦　生存率二割の戦場を生き抜いた男たち
定価：本体860円(税別)
講談社＋α文庫

証言　零戦　大空で戦った最後のサムライたち
定価：本体950円(税別)
講談社＋α文庫

証言　零戦　真珠湾攻撃、激戦地ラバウル、そして特攻の真実
定価：本体1000円(税別)
講談社＋α文庫

証言　零戦　搭乗員がくぐり抜けた地獄の戦場と激動の戦後
定価：本体1000円(税別)
講談社＋α文庫